/ 幼儿园园长专业能力提升丛书 /

沟通的力量

——园长公共关系协调能力的提升

苏 婧 丛书主编

于渊莘 邹 平 本书主编

北京师范大学出版集团
BEIJING NORMAL UNIVERSITY PUBLISHING GROUP
北京师范大学出版社

图书在版编目(CIP)数据

沟通的力量：园长公共关系协调能力的提升/于渊莘,邹平主编. —北京：北京师范大学出版社,2017.4（2020.10重印）
（幼儿园园长专业能力提升丛书/苏婧主编）
ISBN 978-7-303-22268-1

Ⅰ. ①沟… Ⅱ. ①于… ②邹… Ⅲ. ①幼教人员－公共关系学 Ⅳ. ①G615

中国版本图书馆 CIP 数据核字（2017）第 068196 号

营 销 中 心 电话 010-58802181 58805532
北师大出版社高等教育分社网 http://gaojiao. bnup. com
电 子 信 箱 gaojiao@bnupg. com

出版发行：北京师范大学出版社 www.bnup.com
　　　　　北京市西城区新街口外大街 12-3 号
　　　　　邮政编码：100088
印　　刷：北京京师印务有限公司
经　　销：全国新华书店
开　　本：787 mm×1092 mm 1/16
印　　张：9.25
字　　数：165 千字
版　　次：2017 年 4 月第 1 版
印　　次：2020 年 10 月第 3 次印刷
定　　价：25.00 元

策划编辑：罗佩珍　　　　责任编辑：齐 琳　杨磊磊
美术编辑：焦 丽　　　　装帧设计：锋尚设计
责任校对：陈 民　　　　责任印制：陈 涛
封面插图：吴瑞欣（北京市大地实验幼儿园,6 岁）
指导教师：万 娜

丛书编委会

主　编：苏　婧

副主编：吕国瑶　张伟利　田彭彭

编　委：（按姓氏拼音排序）

曹慧弟　陈　立　成　勇　范建华

李　奕　刘峰峰　刘淑新　刘晓颖

柳　茹　申桂红　王　岚　王艳云

杨　颖　于渊莘　张爱军　朱继文

朱小娟　邹　平

　　这几年在和园长交流和接触的过程中，他们经常谈到的一个话题就是，现在当一个园长太不容易了，甚至怀疑自己是不是能力不行，胜任不了园长这个岗位。当然，这并不代表现在我们园长的能力下降了，有这种感觉恰恰说明他们已经在思考：新的社会和时代背景下，怎样才能当好一个园长？随着国家教育改革的不断深化，学前教育也越来越受到重视，迎来越来越多的发展良机，当然也面临着越来越多的挑战。一方面，在市场经济条件下，如何使自己的幼儿园办出特色、树立品牌，从而能够在竞争激烈、百花争放的大环境中站稳脚跟，长远发展，是所有园长必须考虑的现实课题；另一方面，在校长专业化的大背景下，园长专业化的呼声已初见端倪，公众对幼儿园园长的要求越来越高，怎样通过提升自身素养，进而提升幼儿园管理品质，推动幼儿园质量的全面提升，并最终促进幼儿的全面和谐发展，也是园长们不可回避的现实问题。所以，作为幼儿园的管理者、第一责任人，园长在幼儿园的改革和发展中，发挥着举足轻重的作用，不能觉得自己"业务"强就可以应对幼儿园发展过程中的所有问题，新的形势要求园长必须全面提升综合素养。

　　北京作为经济、文化、科技创新迅速发展的现代化都市，其幼教事业也发生着日新月异的变化。作为首都幼教改革的"火车头"，幼儿园园长们的专业水平决定着这列火车跑得有多快、跑的方向对不对。能不能在新的发展机遇中准确把握国家政策文件精神，做好幼儿园的整体规划？能不能在更为重视公共关系的社会背景下，协调各种关系，服务于幼儿园的对外宣传和品牌建设工作？能不能在家长整体素质提升、需求多样化的要求下，探索新的家长工作思路和方法？能不能结合幼儿园实际工作中遇到的困境，拓展资源渠道，运用科学思维研究出带有规律性的成果，提升幼儿园的整体科研水平？能不能在新教师成为保教工作主力的现实中寻求突破口，探索教师队伍建设的新模式，确保幼儿园保教质量的稳步甚至快速提升？能不能在国家日益重视幼儿身心健康发展的整体趋势下，切实做好幼儿卫生保健和安全管理工作……新的问题不断涌现，我们必须认真想一想：这些我们曾经思考过也取得了大量成果的工作，是否真正摸索到了规律？可以从中借鉴什么？如何在《幼儿园园长专业标准》的要求下真正发挥引领作用？这都是我们要继续深入研究的。

在这个机遇与挑战并存的时代，作为主管全园工作的领导者，园长肩负的责任、使命可谓任重道远。一个人成长为园长是不容易的，从初任园长到一名优秀园长短则需要三五年时间，长则需要六七年甚至更长时间。传统的师傅带徒弟式的传帮带方法仍不失为一种不错的方法，但在今天这样一个讲求成本和效率的时代，我们完全可以通过更加科学有效的方法，更快更好地促进园长的专业化成长，提升其领导力。因此，对幼儿园园长的领导行为、专业素养、专业能力进行研究，既是一个在幼教改革中必须面对的现实课题，具有重要的现实指导意义，也是一个事关幼教可持续发展的长远问题，具有深远的历史意义。

现代社会具有复杂性、多变性、随机性和竞争性，发展节奏快，新知识、新科学、新技术不断涌现。幼儿园并不与世隔绝，同样处于多变的社会之中，幼儿园的发展也要适应全面改革和社会发展的需要。所以，现代的幼儿园园长除了要拥有热爱幼教事业的情怀外，还需要有终身学习的意识，要在实际工作中通过不断学习、思考、再学习、再思考，掌握解决、处理各项园所事务的能力。

北京教育科学研究院早期教育研究所苏婧所长和她所带领的北京市学前教育兼职教研员队伍"园长管理组"成员，从 2013 年起致力于幼儿园园长专业素养、专业能力的研究。团队成员都是来自北京市各区县的教研员和名园长，在园长管理工作模式和专业发展等方面都很有心得，具有丰富的实践经验。这个团队在深入研究的基础上奉献给大家的这套《幼儿园园长专业能力提升丛书》，以扎实的理论知识结构为基础，以多年认真积累的实践研究为依据，总结提炼出 12 项园长胜任本职工作应具备的专业能力。书中对每一项专业能力的概念、基本原则、方法和途径等都进行了详细的论述，同时又通过大量的图示和鲜活的实例，让所述的内容变得生动活泼，便于理解和操作。对于幼儿园管理者来说，这 12 项专业能力既是要求，也是目标。他山之石，可以攻玉。虽然别人的经验并不能完全解决我们现实中遇到的问题，但是，借鉴别的园所好的经验，一定会有助于我们幼儿园园长的成长，帮助我们明确一个合格园长需要具备的基本能力和素质要求。同时，也会对我们科学系统地规划自己的园长职业生涯提供必要的指导，帮助我们成为全面而又专业的幼儿园管理者。此外，这套丛书也有助于我们澄清工作中一些认识不清的问题，提升我们的专业理论水平。

　　这套丛书是幼教工作者在幼儿园园长专业发展方面持续探索过程中的阶段性成果，它不仅给我们提供了借鉴，也为我们指引了方向。我相信，今后一定会有大量关于幼儿园园长专业发展的研究成果出现，这将对我们首都学前教育，甚至全国学前教育的发展产生积极的影响和促进作用。

北京市教育委员会学前教育处处长　张小红

2017 年 2 月

园长专业素养的研究框架、实施途径和策略

学前教育是终身教育的开端，是基础教育的基础，是国民教育体系的重要组成部分。办好学前教育，关系到亿万儿童的健康成长和千家万户的切身利益，关系到国家和民族的未来。

教育部颁发的第二个学前教育三年行动计划提出的重点任务是扩大总量、调整结构、健全机制、提升质量，而"提高幼儿园教职工的专业素质和实践能力，进一步规范办园行为，深入贯彻落实《3－6岁儿童学习与发展指南》，促进幼儿身心健康和谐成长"是其中的重要内容。"提升学前教育质量，是当前和今后学前教育必须努力的方向，对质量的追求是学前教育工作者必须不断付出努力的工作。"幼儿园园长作为幼儿园的第一责任人，其素质直接关系到幼儿园的发展及幼儿教育的质量。学前教育的内涵发展急需具有专业水准的园长队伍的支撑和保障。但是，由于历史原因，我们的园长职业资格准入要求不高，多由一线幼儿教师升任或由上级行政部门直接派遣，加之近几年扩大办园规模涌现了不少新任园长，缺乏全面、系统的专业培训，致使很多园长的实际能力和素质与园长管理工作的要求还存在一定差距，这在一定程度上限制了园长的专业发展，也影响到了幼儿园的科学、优质发展。

专业能力是园长专业化发展在教育实践中的集中体现，是保障其完成职业要求和工作职责的必要条件。园长的专业能力不同于中小学校长，因为中小学是以学科教学为核心的能力结构，而幼儿园必须凸显幼儿园保教结合、以游戏为基本活动的特点，以及环境、生活对幼儿发展的重要价值和独特作用。因此，幼儿园园长的专业能力结构是全方位的、多方面的，具有综合性特点。从新颁布的《幼儿园园长专业标准》看，幼儿园园长被定义为履行幼儿园领导和管理工作的"专业"人员。园长的专业发展水平直接影响到幼儿园的发展方向，直接影响到幼儿园教师的专业发展，直接影响到一个幼儿园的教育教学质量，并最终影响到幼儿的发展。

基于园长职业的特殊性和重要性，我们将研究的视角聚焦于此，拟基于幼儿

园管理实践现场，梳理幼儿园园长的专业素养结构和能力要求，提供有针对性的培养策略与支持途径，从而助力于高质量、专业化和可持续发展的学前教育实践管理者队伍的建设。在分析国内外文献的基础上，我们参考教育部颁布的《义务教育学校校长专业标准》《幼儿园教师专业标准（试行）》和《幼儿园园长专业标准》，从横向和纵向两个角度来构建幼儿园园长专业素养结构（见表1）。从横向来看，我们认为幼儿园园长专业素养结构包括四个方面，分别为研究维度、研究领域、每个领域所包含的支撑要素以及针对支撑要素所细化出的基本指标。从纵向来看，我们认为园长的专业发展是一个动态的过程，不同的园长有着不同的专业发展历程，这是一个不断变化着的、开放的系统，受到多种因素综合作用的影响和制约。园长专业素养是指园长为实现其园所管理目标、承担其园长角色时，在专业精神、专业知识和专业能力三个维度所需具备的素质及要求。其中，专业精神和专业知识都是相对固定的，是经过系统的培训和学习就能够基本具备的，是一种偏静态的素养构成。而专业能力则是灵活和可变的，而且具有鲜明的个性特色，是专业精神、知识以及指导下的行为三者的结合，是真正决定园长素养高低的关键要素。因此，我们将研究重点定位在园长的"专业能力"上，并将其分为"本体性能力"和"延展性能力"两方面。其中，"本体性能力"是指园长在胜任其岗位职责时所应具备的基本能力，而"延展性能力"则是对园长在专业发展的道路上提出的目标和努力方向。我们梳理出园长的专业精神、专业知识以及各项专业能力所涉及的"领域""要素""基本指标"，并进一步针对"本体性能力"整理归纳出更为清晰的、操作性强的培养策略与途径。这样，不仅能将动态和静态两方面因素有机结合起来，而且也能更加深入地把握园长专业素养的本质。

表1　幼儿园园长专业素养结构

维度	领域	要素	基本指标
专业精神	专业理念	儿童观	对儿童发展整体性的理解与认识
			对儿童发展阶段性的理解与认识
			对儿童发展差异性的理解与认识
		教育观	对于教育本质的理解与认识
			对于教育目的的理解与认识
			对于教育方式、方法的把握
		职业观	对幼儿教育工作的态度与看法
			对于园长角色、职责的理解与认识
			对园长职业的规划

续表1

维度	领域	要素	基本指标
专业精神	专业品质	个性品质	具有主动、积极的品质
			具有诚信、公平、敢于担当的品质
			具有终身学习的意识
		职业道德	奉献精神
			爱岗敬业
			服务意识
专业知识	通识性知识	哲学基本知识	运用辩证唯物主义的观点看待问题
			系统性思维
		管理学基本知识	科学管理理论
			过程管理理论
			系统管理理论
			决策管理理论
		社会学基本知识	组织文化理论
			组织行为学理论
		法律法规基本知识	宪法相关知识
			民法相关知识
			经济法相关知识
			教育法相关知识
		财务基本知识	经费预算知识
			经费管理知识
		信息技术基础知识	有关教育技术发展趋势的知识
			教育技术的基本概念、基本理论知识
			教育技术与课程、教学开发相结合的知识

续表 2

维度	领域	要素	基本指标
专业知识	专业性知识	教育学基本知识	课程、教学知识
			教育科研方法知识
		心理学基本知识	普通心理学知识
			发展心理学知识
		学前教育基本知识	学前儿童心理学知识
			学前教育学知识
			学前儿童卫生保健知识
			幼儿园课程知识
			幼儿教育科研方法知识
		幼儿园管理基本知识	幼儿园行政管理知识
			幼儿园保教管理知识
			幼儿园科研管理知识
			幼儿园总务管理知识
			家长工作知识
			教职工队伍建设知识
			文化建设知识
	实践性知识	园所文化建设知识	幼儿园文化特征的知识
			幼儿园文化创建的知识
		教育教学指导与评价相关知识	促进幼儿发展的知识
			促进教师专业发展的知识
		应激性知识	处理突发事件的知识
			危机管理知识
专业能力	本体性能力	政策把握与执行能力	掌握学前教育相关政策、法律法规
			了解学前教育发展趋势与改革动态
		园所规划、计划能力	了解、诊断幼儿园发展现状
			明确发展愿景、目标
			突出发展规划、计划重点
			保障发展规划实施

维度	领域	要素	基本指标
专业能力	本体性能力	园所文化建设能力	建设园所精神文化
			建设园所物质文化
			建设园所制度文化
			建设园所行为文化
		保教工作指导能力	指导保教工作计划的制订
			指导保教工作的组织与实施
			对保教工作进行评价与反馈
		卫生保健工作指导能力	指导卫生保健工作计划的制订
			指导卫生保健工作的组织与实施
			对卫生保健工作进行评价与反馈
		课程领导能力	具有关于幼儿园课程及课程领导力的知识
			具有课程改革与实践的专业精神
			选择与规划幼儿园课程
			开发与建设幼儿园课程
			推动幼儿园课程实施
			组织和开展幼儿园课程评价
		教科研管理能力	发现、筛选研究问题，把握研究方向
			做好课题研究的过程管理
			总结、固化、推广教科研成果
		队伍建设能力	选拔、聘用教职工
			规划教职工队伍建设
			提升教职工队伍素质
			稳定教职工队伍
		指导家长工作能力	指导教师树立正确的家长工作观念，学习家长工作的基本方法
			关注教师与家长沟通能力的提升
			指导教师整合家长资源
		公共关系协调能力	与相关部门沟通、协调
			整合、利用资源
		安全管理能力	组织安全工作
			预见安全隐患并提前预防
			应对和妥善处理幼儿园突发事件
			指导开展幼儿园安全教育
			管理幼儿园信息安全

续表4

维度	领域	要素	基本指标
专业能力	本体性能力	后勤管理能力	指导后勤工作计划的制订
			指导后勤工作的组织与实施
			对后勤工作进行评价与反馈
	延展性能力	学习能力	信息的捕捉能力
			信息的筛选能力
			信息的加工、利用能力
		反思能力	自我监控能力
			自我评价能力
			自我调控能力
		创新能力	把握前沿能力
			批判思考能力

相对应提炼出的12项幼儿园园长应具备的本体性能力，我们又逐一细化出"基本指标"及"培养策略与途径"（见表2），在明确园长专业角色的基础上，进一步对园长的工作内容进行分析，同时为园长专业能力的自我提升提供抓手。

表2 幼儿园园长专业能力（本体性能力）的培养策略与途径

专业能力（本体性能力）	基本指标	培养策略与途径
一、政策把握与执行能力	1. 掌握学前教育相关政策、法律法规	(1)熟悉幼儿园政策、法律法规的基本体系，包括： ·国家层面的法律法规； ·国家部委颁布的条例、法规； ·地方政府、教育行政部门颁布的地方性幼儿教育法规。 (2)依法治园，包括： ·开展幼儿园相关政策、法律法规的宣传教育； ·营造依法治园的环境； ·加强制度建设，对幼儿园依法管理。 (3)维护幼儿园的合法权益，承担法律责任。
	2. 了解学前教育发展趋势与改革动态	(1)成为办园思想的领导者。 ·躬身实践，学会在实践中深入思考教育问题，让管理生"根"； ·不断学习，善于与自己、同伴对话。 (2)具有敏锐的教育洞察力。 ·广泛涉猎，扩宽自身的教育视野； ·善于发现问题，积极开展行动研究。

专业能力 （本体性能力）	基本指标	培养策略与途径
二、园所规划 与计划能力	1. 了解、诊断幼儿园发展现状	把握幼儿园发展现状，分析幼儿园发展面临的问题和挑战，形成幼儿园发展思路。
	2. 明确发展愿景、目标	树立正确的办园思想，把握办园方向。 ·坚持贯彻落实党和国家的教育方针，有正确的办园指导思想，能够带领教职工认真学习有关幼教工作的行政法规和规章，并努力付诸实施； ·及时纠正重教轻保、重智轻德、保教分离等违背教育规律、偏离教育目标的倾向，牢牢把握正确的办园方向。
	3. 突出发展规划、计划重点	充分听取园务会议和教职工的意见，组织专家、家长、社区人士等多方力量参与制订幼儿园发展规划，正确决策，科学制订本园工作计划。
	4. 保障发展规划实施	(1)依据发展规划指导教职工制订并落实学年、学期工作计划，提供人、财、物等条件支持。 (2)对计划的实施过程加强检查督促，及时发现和处理问题。 (3)善于总结经验教训，将有成效的措施与做法逐步标准化、规范化，充分发挥集体的智慧和力量，完成工作计划，实现教育目标，提高管理水平。
三、园所文化建设能力	1. 建设园所精神文化	(1)重视幼儿园精神文化建设，关注精神文化潜移默化的教育功能，提升对幼儿园的专业理解与认知。 (2)宣传幼儿园文化建设的基本理论，利用多种渠道，开展丰富多彩的活动，营造专业、科学、和谐的氛围。 (3)加强教师专业知识与方法的学习，引导教师丰富人文、自然知识，提升个人综合素养。
	2. 建设园所物质文化	(1)将安全放在首位，确保场地、玩教具等的安全，积极排查和消除环境中可能存在的不安全因素。 (2)整体设计，合理规划，满足幼儿、教职工的不同需求，营造和谐、统一的环境。 (3)因地制宜，从园所实际出发，整合家长、社区等多方资源。 (4)注重发挥环境的育人功能，重视物质环境创设中幼儿的参与及环境与幼儿的互动。

专业能力 （本体性能力）	基本指标	培养策略与途径
三、园所文化建设能力	3. 建设园所制度文化	(1)召开党支部会、园务会、全体教职工大会等，帮助教职工明确制度建设的重要意义。 (2)发动全体教职工参与讨论，在统一认识的基础上制订合适的制度。 (3)建立健全各项规章制度。 (4)强化日常的过程考核，将考核结果与年终考核、调资、职评等挂钩。
	4. 建设园所行为文化	**幼儿园交往行动文化之——教师间交往** (1)和谐相处原则。要做到鼓励教师之间欣赏优点，包容缺点；真诚交流，建立信任关系。 (2)合作分享原则。要做到增加教师交流机会；慎用评比，不用一把尺子衡量。 **幼儿园交往行动文化之——师幼交往** (1)尊重幼儿原则。要做到接纳幼儿的年龄特点；鼓励幼儿大胆尝试；重视幼儿教师的情绪管理。 (2)关注幼儿个体差异原则。要做到接纳幼儿的不同个性特征；鼓励幼儿表达不同观点；敏锐发现幼儿的不同需求与变化。 **幼儿园交往行动文化之——家园交往** (1)平等相处原则。要做到鼓励换位思考，互相理解；满足不同家长的需求；谨慎谈论幼儿的不足。 (2)互动合作原则。要做到培养教师的积极态度；目标一致，合力合作；加强教师的沟通技能。 (3)深入交往原则。要做到增加交往的频率；丰富交往的形式。 **幼儿教师学习行为文化** (1)关注教师学习整体性原则。要做到提供充足有用的学习资源；园长与教师有效沟通，做到期待与理解一致；以多元化路径激发教师主动发展。 (2)尊重教师学习个体差异性原则。要做到倾听并了解教师的学习需要；提供差异化学习培训。 (3)重视教师反思能力原则。要做到鼓励参与式学习、探究式学习和反思训练；给予教师反思的时间。 (4)重视团队合作原则。要做到营造宽松的团队学习氛围；组织多元化的团体学习。 (5)支持教师自主学习原则。要做到给予教师可自由支配的时间；以教师为主导，改变单向的学习模式。

续表3

专业能力 （本体性能力）	基本指标	培养策略与途径
四、保教工作指导能力	1. 指导保教工作计划的制订	(1)看计划，想实践。结合园长进班看实践获得的第一手材料、信息，审视保教计划的适宜性和可行性。 (2)听思路，细沟通。倾听业务管理者的想法和思路，通过研讨的方式共同制订工作计划。
	2. 指导保教工作的组织与实施	(1)随机和定时进班相结合。 (2)共同经历实践，研讨分析问题，寻找解决办法。 (3)注重个别沟通技巧，树立园长威信。
	3. 对保教工作进行评价与反馈	(1)通过自下而上和自上而下双向结合的方式研究、制定评价标准，开展教育教学工作评价、幼儿发展水平评价。 (2)确保评价过程的公开公正。 (3)对评价结果进行反思与反馈。 ·了解、分析和反思评价结果，予以奖励或查找问题原因，并改进、完善工作计划； ·针对问题与教师或班级进行个别反馈沟通，引导教师调整改进。
五、卫生保健工作管理能力	1. 指导卫生保健工作计划的制订	(1)加强领导，有序安排。 ·成立幼儿园卫生保健工作领导小组； ·制定园所卫生保健检查标准； ·依据标准定期对卫生保健工作进行检查； ·了解当前卫生保健情况，依据所发现的问题制订相应计划并有针对性地予以指导。 (2)明确任务，制订目标。 ·加强卫生保健人员的思想意识和学习，定期组织培训； ·针对上学期出现的问题以及可预知的问题，明确本学期的工作任务，根据任务制定本学期要完成的目标。 (3)突出重点，要求明确。 ·制订具体可行的措施，明确规定各项工作的内容及质量要求。
	2. 指导卫生保健工作的组织与实施	(1)明确卫生保健工作的任务与内容。 (2)加强卫生保健机构和设施建设。 ·配备专职保健人员，设保健室； ·重视卫生保健设施的配制，从行政上和经济上给予保障。 (3)完善卫生保健工作制度建设。 (4)加强卫生保健队伍业务能力建设。 (5)形成卫生保健工作程序。 (6)加强部门沟通与协作。 ·成立相应的协作组织(如膳食管理委员会、卫生检查小组、安全保卫小组等)，来完成各项卫生保健工作。 (7)建立家园联系，共促幼儿健康成长。

专业能力 （本体性能力）	基本指标	培养策略与途径
五、卫生保健工作管理能力	3. 对卫生保健工作进行评价与反馈	(1)完善检查与评价标准。 (2)多种评价方式相结合。 · 定期评价与不定期评价相结合； · 单项评价与综合评价相结合； · 阶段性评价与结果性评价相结合。 (3)建立科学的评价机制。 · 建立专门的考评小组； · 加强日常考评； · 完善考评程序。 (4)建立有效的反馈机制，及时反馈。 · 考核评价结果要及时公示； · 考核评价结果要正确反馈； · 考核评价结果要充分利用。
六、课程领导能力	1. 具备关于幼儿园课程及课程领导力的知识	(1)了解和反思课程领导和园长课程领导的概念、特征、构成要素、现实迫切性等。 (2)了解和反思幼儿园课程的概念、构成要素和我国幼儿园课程的历史发展等。 (3)结合实践进行反思和总结。
	2. 具备课程改革与实践的专业精神	(1)提升勇于课程改革和实践的自觉意识（专业自信、专业坚守、专业追求）。 (2)提升领导课程改革和实践的自主实践能力（研究幼儿、研究幼儿园课程、研究幼儿园文化）。 (3)促进自身在引领课程改革和实践的过程中不断自我超越（自我培训、专题培训）。 (4)不断反思，明晰课程的价值取向（把握关键要素，掌握方法策略）。
	3. 选择与规划幼儿园课程	(1)掌握课程选择与规划的原则，基于本园特点选择与规划课程。 (2)"博览"多家课程、多种课程表现形式。 (3)对比分析和深入分析，准确判断本园课程的现状和发展目标。 (4)在讨论和实践的过程中摸索、制订幼儿园课程规划，并着力实施规划。

续表 5

专业能力 （本体性能力）	基本指标	培养策略与途径
六、课程领导能力	4. 开发与建设幼儿园课程	(1)深入认识和理解课程开发与建设的含义，尤其是理解园本课程的含义。 (2)认识和了解园本课程开发与建设的背景和条件。 (3)掌握园本课程开发与建设的原则、方法与策略。
	5. 推动幼儿园课程实施	(1)构建推动课程实施的领导体系。 (2)推动和保障课程实施的管理制度建设。 (3)遵循推动课程实施的原则（课程领导是核心，发挥教职工的主动性，系统推进，共同愿景）。 (4)在参与和指导课程实践中推动课程实施。
	6. 组织和开展幼儿园课程评价	(1)深刻认识幼儿园课程评价的重要意义。 (2)了解和掌握幼儿园课程评价的功能、对象与类型。 (3)遵循幼儿园课程评价的原则（功能多样性，评价主体多样性，诊断和改进性）。 (4)掌握幼儿园课程评价的组织方法与策略。
七、教科研管理能力	1. 发现、筛选研究问题，把握研究方向	(1)双向互动，聚焦关键问题。 • 园长从自身经验、入班观察记录、家长问卷、教师访谈和上级文件精神等出发，结合园所发展现状，初步确定可作为教科研专题的内容； • 教师聚焦本班幼儿发展、家长工作、教育教学、班级管理等方面存在的突出问题，通过教研组等向园长反映。 (2)借助外力，为我所用。 • 积极与园外科研机构、高校、研修部门及各级主管部门沟通，共同分析并明确幼儿园的教科研思路和基本方向，保证教科研思路的科学性和研究的可行性，提升教科研方向的引领性。 (3)客观分析，准确定位教科研方向。
	2. 做好课题研究的过程管理	(1)园长亲自参与研究，把握教科研过程。 (2)定期了解、检查各项教科研工作的开展情况，做好阶段总结。 (3)合理配置资源，人尽其才，物尽其用。
	3. 总结、固化、推广教科研成果	(1)定期对教科研成果进行总结和梳理，进行阶段性总结。 (2)通过专业期刊发表教科研成果，扩大影响效果和范围。 (3)通过观摩展示的方式，分享和交流经验，进而提高教师的教科研能力。

续表 6

专业能力 （本体性能力）	基本指标	培养策略与途径
八、队伍建 设能力	1. 选拔、聘用 教职工	(1)明确实施原则： ·理念层面：以德为先； ·专业层面：结构合理； ·方法层面：秉持原则； ·全局层面：可持续发展。 (2)选拔与聘用教师的实施途径与方法： ·要关注教师所实习的幼儿园的评价； ·要关注教师对面试问题的回答； ·需要借助一定的工具，有针对性地了解教师； ·保持开放的心态； ·与高校合作培养、选拔； ·要关注园所的可持续发展和人的可持续发展； ·要关注教师成长的关键期； ·要关注教师队伍中的特殊群体。
	2. 规划教职工 队伍建设	(1)明确实施原则：先进性、前瞻性、计划性、独特性。 (2)教师队伍规划的实施途径与方法： ·进行教师队伍现状分析； ·明确教师队伍规划的理念与目标； ·明确教师队伍规划的具体思路与措施：自上而下型； 自下而上型。
	3. 提升教职工 队伍素质	(1)明确实施原则：师德为先、以人为本、质量为先。 (2)提升教师队伍质量的实施途径与方法： ·重视师德建设，提高教师道德素质； ·完善培训机制，有效支持教师专业发展； ·完善教师管理机制，调动教师工作积极性； ·促进教师专业化发展，提升教师队伍质量。
	4. 稳定教职工 队伍	(1)明确实施原则：自主原则、幸福原则、服务原则、发展原则。 (2)稳定教师队伍的实施途径与方法： ·环境育人，文化聚人； ·双激励，满足教师需要； ·成就自我，享受幸福； ·心有所属，体验归属感。

续表 7

专业能力 （本体性能力）	基本指标	培养策略与途径
九、指导家长工作能力	1. 指导教师树立正确的家长工作观念，学习家长工作的基本方法	(1)引导教师树立家园共育的意识，明确家园合作的重要性。 (2)引导教师树立正确的家长观，明晰家长的角色定位，对不同类型家长进行分析，采取有针对性的工作方法。 (3)建立有效的家长工作制度和流程，比如，形成家园联系的"三会"模板： ・新教师家长工作的难题分享会； ・经验型教师家长工作的创意会； ・骨干教师家长工作的微课展示会。 (4)引导教师逐步掌握家园形成合力四部曲： ・"拽"出来的前奏； ・"顺"出来的精彩； ・"引"出来的高潮； ・"牵"出来的完美。 (5)指导教师学习、掌握家长工作的基本方法： ・讲课式指导和活动式指导相结合，以活动式指导为主，增强家长的主动性、参与性； ・选择家庭中教子有方的家长组成骨干队伍，促进指导活动的互补性； ・随机指导、个别指导和集体指导有机结合，提高指导活动的针对性。
	2. 关注教师与家长沟通能力的提升	(1)提升教师的沟通意识，通过案例分析、问题解答等引导其学习家园沟通的艺术，丰富其家园沟通的策略与方法。 (2)搭建现代化的家园沟通平台（如 APP、微信公众号），增强家园沟通的便捷性、实效性、情感性。 (3)开展多种形式的家园沟通： ・随机面谈，彰显师者的智慧； ・集体沟通，亮出专业的水准； ・电话沟通，提纲挈领先梳理； ・书面沟通，传递浓浓的关爱； ・网络沟通，拉近心与心的距离； ・短信沟通，换位思考的理解； ・环境沟通，潜移默化的表达； ・家访沟通，倾听家庭的故事。

续表8

专业能力 (本体性能力)	基本指标	培养策略与途径
九、指导家长工作能力	3. 指导教师整合家长资源	(1)明确利用家长资源的原则： ·机会均等原则； ·双主体原则； ·幼儿为本原则； ·家园双促进原则。 (2)发挥家长的主观能动性，以多样化的形式、灵活多变的方法引领家长参与到教育中： ·家长委员会——人尽其才，资源互补； ·家长志愿者——凝心聚力，牵手前行。
十、公共关系协调能力	1. 与相关部门沟通、协调	(1)谦虚谨慎，好学多问。 ·要不断学习，掌握较为广博的知识，吸收各方面的信息。 (2)主动应对，用足政策。 ·注重采取多种形式与公众交往，并在交往中促进了解，沟通感情，促进发展； ·要主动、积极地宣传国家相关的法律法规和本园的办园理念、成果，争取各级领导、相关部门的重视和支持。 (3)长期规划，适度宣传。 ·建立幼儿园对外合作与交流机制，开放办园，形成幼儿园与家庭、社会(社区)及其他园所间的良性互动； ·加强幼儿园与社会(社区)的联系，利用文化、交通、消防等部门的社会教育资源，丰富幼儿园的教育活动； ·引导家长委员会及社会有关人士参与幼儿园教育、管理工作，吸纳合理建议。
	2. 整合、利用资源	(1)在观念上，树立任何资源都是可用的现代管理理念。 (2)在眼界上，要具有开阔的视野和独到的眼光。
十一、安全管理能力	1. 组织安全工作	全面了解幼儿园安全管理的基本形式和主要问题，对幼儿园安全工作的重要性有全面、深刻的认识。
	2. 预见安全隐患并提前预防	(1)建立科学、规范的安全管理体系。 (2)把安全教育融入一日生活，定期组织开展多种形式的安全教育和事故预防演练。

专业能力 （本体性能力）	基本指标	培养策略与途径
十一、安全管理能力	3. 应对和妥善处理幼儿园突发事件	制订幼儿园安全应急预案，如公共卫生事件预案、社会安全事件预案、自然灾害安全预案、应急演练预案。
	4. 指导开展幼儿园安全教育	(1)面向不同人群开展幼儿园安全教育： • 对教师的安全教育； • 对幼儿的安全教育； • 对家长的安全教育。 (2)开展多种形式的幼儿园安全教育： • 文字资料的宣传教育； • 事故案例的宣传教育； • 亲身体验的宣传教育； • 走出去培训与请进来培训结合的宣传教育； • 日常生活中的安全教育。
	5. 管理幼儿园信息安全	配备专职人员管理网络，并对本单位的网络使用情况进行监督、检查。
十二、指导后勤工作能力	1. 指导后勤工作计划的制订	基于已有成绩，预测未来发展，制订切实可行而又鼓舞人心的必达目标，做到"长计划，短安排"。 • 集思广益汇问题； • 七嘴八舌说计划； • 管中窥豹订计划； • 逐层递进做计划。
	2. 指导后勤工作的组织与实施	(1)利用心理效应，营造适度、规范的激励环境。 • 瓦拉赫效应：资源优化配置； • 共生效应：前勤后勤齐心做； • 蝴蝶效应：精益求精共努力； • 鲶鱼效应：不拘一格降人才； • 南风效应：心平气和破难题； • 扁鹊兄弟治病：未雨绸缪有规划。 (2)认识"四个理解点"，强化"创新型"人才的培养。 • 理解前瞻性的教育观点； • 理解园所文化理念； • 理解幼儿的年龄特点； • 理解教师的思维特点。

续表 10

专业能力 (本体性能力)	基本指标	培养策略与途径
十二、指导后勤工作能力	3. 对后勤工作进行评价与反馈	(1)深入一线，发现问题，现场指导，及时纠错。 • 奖惩机制人性化； • 奖惩机制公开化； • 奖惩机制可操作化。 (2)开展不同类型的过程评价，如幼儿评价、教师评价、园所评价、自我评价、社会资源评价。 (3)搭建平台，进行多样化学习。

园长的专业发展，是对幼儿园园长职业的重新定位，对园长胜任岗位职责应具备的专业精神、专业知识和专业能力提出了更高的要求。通过与北京市一百多位优秀幼儿园园长的共同研究与探讨，分析影响园长专业发展的综合性因素，挖掘影响其专业发展的多种因素，探讨促进园长专业发展的策略，我们最终搭建出园长专业素养的结构框架，并在此框架的基础上编写成本套《幼儿园园长专业能力提升丛书》。丛书以领导力理论和心理学相关研究为新的理论支撑，目的是帮助广大园长从优秀园长专业发展历程中借鉴经验，明确专业发展意识，从而有目的地确定努力方向，从根本上促进园长个人专业发展，进而推进园长职业群体的专业化进程，实现园长专业化；同时为园长专业发展的研究提供事实和理论依据，也为学前教育管理研究奉献绵薄之力。

本套丛书包括 11 本分册，涵盖 12 项幼儿园园长应具备的专业能力(其中，政策把握、规划制订两项能力合为一册)。书中不仅系统梳理了每项专业能力的组成要素、培养策略与途径，而且贯穿设计了案例分析、办园经验分享、拓展阅读资料等多样化的板块，力求使这些专业能力真正做到"看得见，摸得着"，使处于不同发展阶段、不同类型幼儿园的园长更清晰地了解自己所从事岗位的专业要求、内涵以及实施路径，最终达到促进园所保教质量提高，促进幼儿全面、健康、快乐发展的目的。

参与本套丛书编写的作者都是北京市学前教育兼职教研员队伍"园长管理组"的成员。丛书是这个团队全体成员在四年的研究和探讨中，系统梳理工作经验、感悟和思考，提炼而成的有教育理念支撑、有研究过程思辨、有实践经验提升的教育成果。可以说，每一项专业能力都能体现和运用于园长与幼儿、与教师、与家长、与行政部门相处的过程中，每一本书都蕴藏着教育的智慧，都能带给人新的思考。更进一步说，本套丛书是"园长管理组"全体成员对我们所热爱的幼教事业的真诚回报。感谢参与编写的幼儿园园长、教研员以及提供案例支持的幼儿园。主编苏婧负责了整体策划及全书统稿工作。

由衷地感谢北京师范大学出版社罗佩珍编辑，在时间紧、任务重的情况下，正是由于她努力工作，认真负责，本套丛书才得以顺利问世。

期待着《幼儿园园长专业能力提升丛书》能为幼儿园管理者们提供有益的参考，也衷心希望幼教同仁提出宝贵意见。

苏婧

2017 年 2 月

前 言

幼儿园园长的公共关系能力是幼儿园健康发展的重要条件。根据教育部颁发的《幼儿园园长专业标准》中提出对园长专业要求及职责,其中包含优化内部管理和调适外部环境。本书正是基于这样的思考,通过分析幼儿园园长在公共关系处理中所遇到的真实案例,从而促进园长的专业发展。

本书共分为五章,其中第一、第二章主要探讨园长公共关系的理论,包括园长公共关系管理能力概述、能力提升的必要性,园长公共关系管理面面观,园长公共关系管理的意识、原则、途径。

第三至第五章为本书的核心,分别讨论了幼儿园园长内部和外部公共关系的管理,并采用案例的方式探讨了大型公共关系危机的处理。从内部关系来看,主要包含了园长处理与中层领导、教师、幼儿、其他工作人员之间的关系。从外部关系来讲,主要包括园长处理与家长、社区、姐妹幼儿园、政府部门、社会机构、股东的关系。在写作的过程中,坚持以理论先导,重在案例展示及分析,方便读者能够从真实的案例中获得启发。需要说明的是,对于一个幼儿园的具体公共关系案例来讲,内外关系总是交织在一起,为了防止第三章和第四章的案例所带来的误导,防止幼儿园公共关系处理中的机械性,所以在第五章呈现了幼儿园危机型公共关系及其处理。这些案例可能由教师、幼儿、家长、社区居民或其他工作人员引发,波及利益相关者,从而给幼儿园公共关系的发展带来很大障碍。

结语部分主要探讨了园长公共关系管理能力提升的主要措施,包括建章立制、危机意识和系统思考。这三个方面是我们对园长公共关系处理的初步思考,还可以进一步探索。

本书的读者可以是幼儿园的园长,也可以是一线的幼儿园教师,或者其他感兴趣的读者。在阅读上,既可以从理论部分入手,也可以从自己感兴趣的某一章节的案例入手,然后再去阅读相关的理论。需要说明的是,园长所遇到的公共关系管理,可能远远比书中描述的更为复杂,因此园长在处理具体的公共关系时,应各取所需,采取灵活的措施。

最后,由于编者能力和时间的限制,在编写的过程中可能会存在疏漏之处,敬请谅解。

编者
2017 年 1 月

目录

第一章 不容小视的园长公共关系管理能力

现代社会，任何社会组织都存在公共关系。幼儿园因其主要是由女性教师和幼儿组成的集体，而备受社会的关注。同时作为一种组织形式，幼儿园与社会公众有着多方面的联系。幼儿园是一个处于多种关系网络中的公共组织，需要与多个部门打交道。如果处理不好，就会产生这样或那样的问题，园长因此常常要演绎消防员的角色。① 实际工作中园长需要有计划、有组织地运用沟通、传播等方式，与园所内外的社会、公众建立起彼此理解、合作、信任、支持的关系，来创造幼儿园可持续发展的教育环境和塑造幼儿园良好的社会形象。作为幼儿园的法人代表，园长的职责决定了其必须处理好与幼儿园的各种事务相关的教职员工、政府部门、社会机构、公众等之间的关系。北京师范大学张燕教授认为，园长角色具有多重性，园长既是教职员工的"上级"，又是幼儿园主管部门的"下级"；既是园内资源的分配者，又是与园外联系的联络者和谈判者。教育部新颁布的《幼儿园园长专业标准》指出，园长要秉承先进教育理念和管理理念，不断提高优化内部管理和调适外部环境方面的能力。因此，学习掌握公共关系知识和提升公共管理能力，明确原则，有效落实，是新时期素质教育对园长提出的要求。

第一节 园长公共关系管理能力概述

健康的公共关系是幼儿园健康发展的重要条件，园长作为幼儿园公共关系管理的第一负责人，其公共关系管理能力直接决定了幼儿园的发展前景。那么，什么是园长公共关系管理能力呢？

一、园长公共关系管理能力的概念解析

幼儿园公共关系是指幼儿园为了实现教育及管理目标，有组织、有计划地运

---

① 伍香平主编.幼儿园园长易犯的 80 个错误[M].北京：中国轻工业出版社，2013：111.

用各种传播手段与内外部沟通联系，在幼儿园和公众之间建立相互了解、相互信任与支持合作的关系，是以提高幼儿园管理质量，塑造幼儿园良好形象和创造最佳教育环境为目的的社会实践活动。①

园长公共关系管理是指园长对幼儿园内部和外部所涉及的主体之间关系的协调和沟通能力。研究者孙莉认为幼儿园公共关系主要是指幼儿园的外部关系，内涵为"幼儿园通过与他人建立密切、熟悉的合作意向，或是建立深厚的友情，使幼儿园在发展过程中得到帮助，为幼儿园实现教育目标、塑造幼儿园的良好形象和创造最佳教育环境做出贡献的活动"。② 当然，也有研究者指出，公共关系包含了幼儿园的内部关系和外部关系两个方面。③ 在本书中，我们借助于《幼儿园园长专业标准》的框架，将幼儿园公共关系分为幼儿园内部公共关系管理和幼儿园外部公共关系管理。同时，我们秉持这样一种观点，即园长的能力是在管理的实践中不断提升的。所以我们关于园长如何管理公共关系的讨论，也是在讨论园长公共关系能力的提升问题。

园长公共关系管理的方法有很多种，如宣传、沟通、展示、服务等④。本书重点突出的方式为沟通，所以本书命名为《沟通的力量——园长公共关系协调能力的提升》。当然园长的公共关系能力，不仅是需要沟通，也需要管理、制度等各种方法的灵活协调使用，才能更加全方位地提升园长公共关系的管理能力。

关于"管理"的解释大致有三种：一是负责某项工作使其顺利进行；二是保管和料理；三是照管并约束，指的是人或动物。基于本书讨论的话题为园长公共关系的管理，所以应该取第一个含义，即负责某项工作使其顺利进行。

张燕教授认为："管理就是管理者遵照一定的原则，使用各种管理的手段，通过组织、指挥、协调各个受分工制约的不同个人的活动，创造出一种远比个人活动力量总和要大的集体力量或者社会力量，从而高效率地达到一个组织的预定目标所进行的各种一般职能活动。"⑤由此可见，管理具有目标性、原则性、日常性和过程性。

---

① 秦明华，张欣主编．幼儿园组织与管理[M]．上海：复旦大学出版社，2008：173.
② 孙莉．《3—6岁儿童学习与发展指南》实施背景下的幼儿园公共关系工作[J]．教育观察，2015(15).
③ 史爱芬，田玉娟，冯谦，董丽娟．论城乡结合部幼儿园公共关系管理[J]．教育教学论坛，2013(07).
④ 丛中笑，王海升．幼儿园管理[M]．沈阳：辽宁大学出版社，2012：176.
⑤ 张燕．学前教育管理学[M]．北京：北京师范大学出版社，1995：4.

李玉柱等认为：“所谓管理，就是管理者按照一定的原则，采用一定的手段和方法，通过组织和协调他人的活动充分利用各种资源，以实现组织目标的一系列社会活动过程。”这和张燕教授提出的概念，在实质上比较类似，也强调了管理的目标性、原则性、过程性。不过研究者更加看重管理是一种社会活动，这也意味着管理一定会涉及很多人员。

在梳理幼儿园公共关系和管理概念的基础上，我们试图建构一个园长公共关系管理的概念。园长公共关系管理是指园长依据一定的原则，采用一定的手段和方法，协调与幼儿园所相关的各种资源，保障幼儿园的内部和外部公共关系处于一种健康和谐状态的社会过程。确保幼儿园的公共关系管理工作顺利开展是一种全园参与的行为，而非园长的单打独斗。

二、园长公共关系管理能力的构成

（一）公共关系的构建能力

园长不仅是幼儿园公共关系意识的引领者，也是幼儿园公共关系活动的总建构师。《国家中长期教育改革与发展规划纲要（2010—2020 年）》明确了学前教育发展规划。学前教育在基础教育中的奠基地位和学前教育的专业性，以及幼儿早期教育对其一生发展的重要性都得到了社会与公众认可。园长的公共关系管理能力在幼儿园特色品牌形象建设、赢得社会理解支持、筹集更加充裕的办园资源、有效应对突发危机等方面发挥着非常重要的作用。

幼儿园是社会的一个子系统，幼儿教育事业是国家教育体系的一个组成部分。在构建组织幼儿园公共关系中，要求园长在一定范围内以特定角色与社会交往，而且其必须有能够处理好与政府部门、社会机构、同行、同事、家长等之间关系的能力。办园中必须贯彻党的教育方针，遵守国家的各项法律法规以及政府随时出台的各种政策规定；与社会机构合作的过程中，遵循以幼儿发展为本的核心理念，在互惠共赢中丰富幼儿的学习与生活；在日常工作中，尊重幼儿的身心发展规律，与教师、家长本着共育的理念组织实施幼儿园课程。

在幼儿园规划制订中，园长要明确幼儿园发展战略目标，坚持带领团队以社会公众为对象，以美誉信誉为目标，以真诚互信为宗旨，以沟通合作为手段，谋划幼儿园公共关系的基本框架，开展幼儿园品牌建设、文化建设、课程建设、环境建设、队伍建设。

总之，园长公共关系建构能力就是要将幼儿园建立在一个社会系统之中，将其看作社会的一个子系统，与此同时还需要建构幼儿园内部的公共关系，从而让幼儿园处在一个动态的生态系统之中。

(二)公共关系的协调能力

园长作为法人，无论在对外还是对内的公共关系中，在育儿理念多元、教育理念和价值观多元、社会需求多元的时代，都会成为幼儿园公共关系重要协调人。作为幼儿园的首席发言人，园长的公众协调行为可信度高，影响力大，并且通常会取得良好的效果。园长的公共关系协调主要分为日常关系协调和危机关系协调。

1. 日常关系协调

所谓日常关系协调是指园长在日常工作中实施的协调行为，主要包括以下几个方面。

(1)园长与政府部门的沟通协调能力

政府部门是幼儿园所有沟通对象中最具社会权威性的对象，同时政府部门对幼儿园的认可和支持是最具有高度权威性和影响力的认可和支持，还有政府能够指导民众的想法，帮助幼儿园有效抵御各种不良冲击，并能够帮助幼儿园协调争取新闻媒体合作。因此园长要认真贯彻政府部门的各项政策精神，在管理园所的过程中，立足幼儿园发展实际，通过工作汇报、活动展示、参加政府部门的各种质量测评等路径，争取得到政府及各个职能部门对本幼儿园的了解、信任和支持，从而为幼儿园发展争取良好的政策环境、法律保障、行政支持和社会政治条件。

(2)园长与社区的交流与合作能力

一般而言，幼儿园处在社区之中，是社区的一部分。就近入学的政策使得幼儿园中的幼儿主要来自幼儿园所在的社区。幼儿园丰富了社区的文化要素，同时解决了社区的幼儿教育问题。作为园长，要重视与社区的交流和沟通。幼儿园所在的社区中存在着对幼儿园发展有利的要素，例如，社区中的一些退休的教师，他们具有某一方面的特长，或者是某一个领域的专家，作为幼儿园园长，要善于捕捉社区中的这些要素。另外，在幼儿园举行重要活动的时候，可能会对幼儿园园所在的社区产生一定的影响，或者需要社区的帮助，因此需要园长与社区的相关机构，提前进行沟通。

(3)园长与社会机构的沟通合作能力

当今的教育具有开放性的特征，教育不仅发生在学校之内，也发生在学校之外，因此园长做好与社会机构的合作沟通具有非常重要的意义。必须承认，有很多社会机构，也十分关心幼儿教育，所以园长要具有敏感的意识，与这些机构进行合作，获得幼儿园发展的资源。与此同时，有一些社会机构，本身也是幼儿教育的重要场所，例如，科技馆、博物馆、艺术馆、历史馆等，这些是有效开拓幼儿的眼界，激发幼儿好奇心的重要场所。园长要通过沟通合作能力，洞察这些资源，获得合作，从而为幼儿的发展提供必要的保障。

（4）园长与股东的交流与合作能力

民办幼儿园在市场经济中队伍日趋壮大，股份制或者私人办园中，被聘任的园长与投资者、法人之间结成的是公共关系，其实质是幼儿园管理者与所有者之间的关系。股东是幼儿园的财力支持者，与幼儿园的利益密切相关。园长要通过汇报、展示等渠道赢得股东或者法人的支持和信任，鼓励股东或者法人积极参与幼儿园的决策和管理，尊重股东决策权、知晓权和收益权。

（5）园长与教职员工的交流与合作能力

健全幼儿园党团群组织，遵循以人为本的管理思想，在实际工作中以尊重为基础，为骨干与青年教师搭建多维度、多层次的沟通交流平台助力其成长。

尊重教职员工的职业和专业价值，倾听教职员工的心声，通过双向沟通满足员工的正当需求，建立合理的人事政策，以及公平的薪资和福利待遇。

完善合理化建议制度，建立良好的信息沟通渠道和沟通机制，鼓励分享教育成果，营造平等和谐的发展环境。

（6）园长的家长工作规划和组织协调能力

在幼儿教育阶段，家长是幼儿教育的重要参与者。许多幼儿在家长眼中是一个宝贝，当幼儿受到伤害时，家长就容易出现情绪失控的现象，这是可以理解的。为了防止公共关系中与家长产生危机性的关系，园长很有必要提升家长工作规划和组织协调能力。对于家长参与校园活动的安排与规划，园长要做出明确的指引，并通过不断地实施，最终能够积累经验，促进幼儿园与家长的和睦、融洽，进一步让家长成为幼儿园发展的推动力量。

2. 危机关系协调

所谓危机关系协调是指园长在幼儿园危机发生和处理阶段所进行的公众关系协调，如与公众直接沟通，或通过媒体向公众阐明事因及处理结果等。

（1）危机关系处理中要遵循的原则

第一，责任担当原则。幼儿园危机事件发生后，园长必须勇于承担自己该负的责任。勇于承担责任，有利于维护当事人的情绪，让双方处于可以沟通的状态，为有效处理危机奠定良好的基础。

第二，控制事态原则。危机事件发生后，控制事态的关键是迅速启动危机事件处理预案。当危机发生时，园长需要协调自己的领导团队，快速地制定应急预案，各司其职、相互配合，促进事情的解决。

第三，客观真诚原则。面对危机事件要开诚布公，要做到客观公正，需要向各方面了解事情的真相，多方取证，最终能够用理性的方式，摆事实、讲道理，客观陈述事情发生的经过，不夸大、也不缩小事情的真实状态，以促进事情的解决。

（2）危机关系的处理

第一，迅速启动应急预案，根据实际建立由事件相关部门负责人参与的工作小组，确定幼儿园负责发布信息的专职人员和渠道，完善危机事件的处理程序、制度，保护好原始证据。

第二，危机事件发生后要及时与事件相关双方重要人员沟通，态度真诚，听取意见和建议，及时处置；在双方认可的前提下，做好跟进沟通，做好相关法律手续的证据留存。

第三，危机事件处理中关于媒体公共关系管理，需要建立面对媒体信息发布人，客观真诚地反应事实；遇有失实报道，必须立即采取相应的补救措施。

第四，危机事件发生后，园长应根据自己的权限、事件的性质及当时的具体情况做出准确的判断，第一时间向上级主管部门汇报相关的情况，在上级主管部门的指导和积极协调下解决问题。

第二节　园长公共关系管理能力提升的必要性

园长要具备公共关系管理能力，是由所处的幼儿教育时代背景以及幼儿自身的发展的特殊阶段所提出的。园长公共关系管理能力获得提升，有利于提供一个良好的办园环境，促进幼儿园的发展。

一、时代发展为园长公共关系能力带来机遇和挑战

教育发展离不开对时代特征的把握，幼儿教育的发展也同样如此。当前，全球化和多元化进程不断加快，技术的不断变革也使媒体传播发生着深刻的革命。各种家庭教育问题凸显：独生子女、二胎家庭、留守儿童、隔代养育、散居的农

民工子女……

新时代，赋予了园长新的角色，园长要成为时代信息的整合者。各种信息汹涌而至，整合也意味着园长要及时吸收、批判性分析，并转化这些信息，让这些信息为自己的管理工作所用，为自己的认识与视野的拓展服务。园长还要成为终身的学习者，一位优秀园长有着多个方面的特征，但有一个特征是必备的，那就是持续学习的能力，爱学习、善学习、会学习。人类的进步、知识的更新、职业的挑战、自身发展的需求、时代的深刻变化等，都需要园长终身学习，把学习当作一种生活方式、工作责任、精神需求。园长只有不断学习，才能胜任自己的职责，才能与时俱进、顺势而为、创新驱动，才能在新时代游刃有余，赢得胜机遇，引领幼儿园蓬勃发展。

二、幼儿发展阶段的特殊性是园长公共关系管理能力的根本原因

幼儿阶段是人生一个特殊和关键阶段，是整个人生的奠基阶段。幼儿阶段经历的良好教育是良好人生的开端。然而，身心发育尚不健全，活泼好动、喜欢自由探索、自我保护能力较弱是幼儿的核心特征。幼儿在玩耍的过程中很容易受到伤害，因此园所需要为幼儿提供一个比较安全的学习环境，保护幼儿更好地发展。

园长公共关系管理能力的高低一方面决定了能否为幼儿的发展提供必要的条件，包括安全措施、基础设施、优质师资等；另一方面则决定了能否为幼儿园的发展争取更多的外部的支持，包括社区资源、家长资源、政府支持等，而这些资源都可以为幼儿园发展奠定良好而坚实的基础。

三、教师团队建设是园长公共关系管理能力的关键点

教师团队是幼儿园发展的骨干力量。幼儿教师是贯彻国家教育方针，落实办园理念，实施教学活动，促进幼儿发展的直接实施者。园长与教师的良好沟通，有利于幼儿园内部自下而上地形成凝聚力，促进幼儿园的整体发展。同时，良好的内部沟通，亦能够帮助园长在面对园所发生的问题时能够得到及时的反馈，将幼儿园管理的危机消灭在萌芽阶段。

在幼儿园内部公共关系处理的过程中，园长如果能够处理好与教师之间的关系，那么教师就能够成为幼儿园健康发展的重要支持性力量；相反，如果不能够得到教师的支持，那么教师就容易在教学和管理幼儿的过程中，出现不用心、不用力的现象。一旦教师减少对幼儿的关注，就为幼儿的发展埋下了隐患。

因此，园长公共关系管理能力的关键之一是提升园长和教师的关系处理能力。

◇ 四、政府问责是园长公共关系管理能力的压力和动力

公共关系管理是园长对园所治理能力的综合体现。园长是幼儿在园所健康成长的第一负责人，是政府问责幼儿教育质量的第一人。园长的园所治理能力的提升，是落实国家教育方针，构建现代学校治理体系的重要保障。

政府作为公共事业资源的提供者，有责任确保所提供的公共服务有利于社会发展、民众受益，而公共服务的提供，是通过具体的机构来实施的。幼儿园是政府发展幼儿事业，为适龄幼儿提供学前教育的机构。虽然，学前教育并不是国家的义务教育，社会上还存在着大量的私立园、企业园、街道园等不同类型的幼儿园。但是，对于各种类型的幼儿园，政府都具有一定的问责义务。为了更好承担政府所赋予的责任，园长需要实践和提升公共关系的管理能力，尤其是沟通的能力。

◇ 五、危机管理是园长公共关系管理能力强弱的试金石

在幼儿园的日常生活中，存在着诸多危机因素，容易引发公共危机事件。这种事件不同于日常管理，园长可以按部就班地慢慢应对，对于危机管理，园长则需要快速的反应和应对能力，做到临危不惧，从容应对，将幼儿园的危机化解，促进幼儿园的不断发展。

危机管理或者说危机处理能力的强弱，是园长公共关系管理能力高低的体现。一方面，优秀的园长能够做到预防幼儿园公共危机事件的发生，防患于未然；另一方面，危机的处理能力，也是园长日常能力的积累，尤其是公共关系管理能力的集中体现。园长在幼儿园公共关系危机发生的时候，需要纵览全局，把握事件的要害，协调各方的利益，从而促进公共危机的化解，达到解决问题的目的。

危机管理是园长公共关系管理能力高低的试金石，正如我们在前面所讲，幼儿处于发展的特殊阶段，处于身体和精神成长的起点，因此园长要尽力提升危机管理能力，以促进幼儿健康成长。

第三节　园长公共关系管理面面观

幼儿园公共关系的划分，具有不同的分类方法。我们可以从时间上进行划分，如幼儿园开学初需要处理的公共关系，幼儿园重大节日需要关注的公共关

系，幼儿园学期末需要关注的公共关系；也可以按照处理公共关系的方式对公共关系进行分类，如线上公共关系和线下公共关系等。在本书中，我们主要从空间的角度，将公共关系分为内部公共关系和外部公共关系。

具体而言，首先，就内部公共关系来讲，园长的日常管理是在与幼儿园内部组织的紧密协作下完成的，因此从行政的角度看园长的内部公共关系对象，包括领导层、党团工会组织、教师家长协会（家委会）、业务部门。其次，幼儿园管理目标的实现需要内部公众的共同努力才能完成，从人群的角度看园长在园所的内部公共关系对象包括幼儿、幼儿家长、教师、管理人员、外聘人员。

就外部公共关系来讲，幼儿园教育是国家基础教育的组成部分，幼儿园承担着贯彻国家的教育方针的责任和使命，因此从行政的角度看园长的公共关系对象，包括政府部门、教育行政部门、相关行政部门、地区及社区行政部门。基于幼儿独特的生活、学习特点，开放性是幼儿园课程建构、组织实施的特点，这就需要广泛地与社会资源建立联系，主要包括与幼儿基本生活发生关联的公共场所、社会生活服务机构、社会教育机构、媒体等。

之所以如此划分，主要是为了和《幼儿园园长专业标准》进行对接，从而更好地落实国家提出的幼儿园园长专业标准。

2015年教育部颁布了《幼儿园园长专业标准》，其中有关幼儿园公共关系的内容非常突出，其中从专业理解与认识、专业知识与方法、专业能力与行为三方面明确了园长必须具备优化内部管理和调试外界环境的专业能力，共20条要求（见附件1，附件2）。从中我们能够感受到在教育改革进程中，政府鼓励幼儿园开放办园、鼓励举办者通过改革创新服务，力争取得社会、公众对幼儿园理解支持的引导。与此同时《幼儿园园长专业标准》的出台，也体现了社会、公众对幼儿园未来的发展正发挥越来越大的影响力，因此聚焦幼儿发展，发掘与整合幼儿园内外部各种资源，彰显办园绩效的要求也更为重要了。《幼儿园园长专业标准》明确提出一名合格的园长，必须具有协调幼儿园公共关系的视野、知识与能力，以吸引来自社会的各种支持，满足幼儿及其家长的要求，保证幼儿园利益的同时使幼儿园得以持续发展。

附件1：幼儿园园长专业标准之优化内部管理

专业职责		专业要求
五　优化内部管理	专业理解与认识	41. 坚持依法办园，自觉接受教职工、家长和社会的监督。 42. 崇尚以德治园，注重园长榜样示范、人格魅力、专业引领在管理中的积极作用。 43. 尊重幼儿园管理规律，实行科学管理与民主管理。
	专业知识与方法	44. 掌握国家对幼儿园管理的法律法规、政策要求和园长的职责定位。 45. 熟悉幼儿园管理的基本知识，了解国内外幼儿园管理的先进经验。 46. 掌握幼儿园园舍规划、卫生保健、安全保卫、教职工管理、财务资产等管理方法与实务。
	专业能力与行为	47. 形成幼儿园领导班子的凝聚力，认真听取党组织对幼儿园重大决策的意见，充分发挥党组织的政治核心作用。 48. 建立健全幼儿园管理的各项规章制度，严格落实教师、保育员、保健医、保安、厨师等岗位职责，提高幼儿园管理规范化、科学化水平。 49. 建立教职工大会或教职工代表会议制度，推行园务公开，尊重和保障教职工参与幼儿园管理的民主权利，有条件具备的幼儿园可根据需要建立园务委员会。 50. 建立和完善幼儿园应急机制，制定相应预案，定期实施安全演练，指导教职工正确应对和妥善处置各类自然灾害、公共卫生、意外伤害等突发事件。

附件2：幼儿园园长专业标准之调试外部管理

专业职责		专业要求
六　调适外部环境	专业理解与认识	51. 充分认识家庭是幼儿园重要的合作伙伴，积极争取家长的理解、支持和主动参与，促进家园共育。 52. 重视利用自然环境和社会（社区）的教育资源，扩展幼儿生活和学习的空间。 53. 注重引导幼儿适当参与社会生活，丰富生活经验，发展社会性。
	专业知识与方法	54. 掌握幼儿园与家长、相关社会机构及部门有效沟通的策略与方法。 55. 熟悉社会（社区）教育资源的功能与特点。 56. 指导教师了解幼儿家庭教育的基本情况，掌握家园共育的知识与方法。

续表

专业职责	专业要求
六 调适外部环境	专业能力与行为	57. 建立幼儿园对外合作与交流机制，开放办园，形成幼儿园与家庭、社会（社区）及园际间的良性互动。 58. 面向家庭和社会（社区）开展公益性科学育儿的指导和宣传，利用家长学校、家长会、家长开放日等形式，帮助家长了解幼儿园保教情况。开展家庭教育指导，注重通过多种途径，转变家长教育观念，提高家长科学育儿能力。 59. 加强幼儿园与社会（社区）的联系，利用文化、交通、消防等部门的社会教育资源，丰富幼儿园的教育活动。 60. 引导家长委员会及社会有关人士参与幼儿园教育、管理工作，吸纳合理建议。

需要说明，有一些公共关系可能发生是在内部，但最终波及外部。我们将严重波及内外部的公共关系称之为公共危机。关于公共危机的处理，本书的第五章将通过具体案例的方式，进行探讨。

另外，我们将根据案例的侧重点，将其分为内部公共关系和外部公共关系的案例，这样划分主要是为了讨论的方便而已。

第二章　园长公共关系管理的意识、原则与途径

园长公共关系管理的强弱直接影响到幼儿园的生存和发展。如果园长正视公共关系、处理好公共关系，就会吸引社会各界对幼儿园的关注、关心和支持。本章主要从园长的公共关系管理意识、原则与途径三个方面展开讨论。

第一节　园长公共关系管理的意识

随着时代的发展，幼儿教育对人终身发展的重要性越来越受到政府、社会和公众的关注，社会对幼儿教育的需求越来越多元化，幼儿园与社会联系越来越多维度，因此如何开展与外部的公共关系活动问题逐渐被提到幼儿园管理工作的议事日程上。而幼儿园公共关系发展方向主要取决于园长。

园长的公共关系管理意识是园长公共关系管理能力形成的出发点，如果园长从意识上没有认识到公共关系管理的重要性，那么园长的公共管理能力的实践与提升就成了无源之水，无本之木。园长的公共关系管理意识同时也直接影响着家长和社会，宣传、沟通、联络、合作、交流、实践中的理念、专业和形象传播，在对外联络与沟通和家园、师幼的双向传播中，不断地树立幼儿园良好的品牌形象。

园长的公共关系意识对幼儿园管理团队和全体教职员工的公共关系意识有着极其深刻的影响，包括社会意识、公众意识、形象意识、服务意识、沟通意识、信息意识、资源意识、环保意识、团队意识、创新意识、互惠意识、开放意识、协作意识、战略意识、整体意识、传播意识、危机意识等，同时这些意识直接影响着与时俱进的教育实践。

园长的意识是一个全方位的要求，限于文章的篇幅，本节重点介绍如下五个方面的意识：生命健康意识、服务质量意识、沟通协调意识、团队建设意识、资源整合意识。

一、生命健康意识

生命健康意识是指在公共关系管理的过程中，园长要看到关系中具有生命力的人。幼儿园公共关系，不是为了分割成不同的利益团队，然后为了各自的利益而进行斗争。幼儿园是对幼儿实施教育的地方，是为了让幼儿生命能够更好地成长，因此园长在处理公共关系时，要关注每一个生命的张力，人性中的光辉，同时能够提供健康的环境，让园中的个体和集体都能够体会到生命的宝贵，能够体会到生命的无限美好，能够不断地发展和完善自己的生命。

二、服务质量意识

服务质量意识是指园长的公共关系管理的本意是为幼儿园内部和外部的各个生命主体的发展，提供一种服务。园长要了解幼儿、教师、家长、其他工作人员等在学习、工作和生活中遇到的困难，以便为这些主体在解决问题、发展自我的过程中，提供一定的支持，从而有利于他们更好地发展。正如圣吉所言，如果要让学习型组织中的人，获得发展，一方面需要为他们提供一定的挑战，另一方面需要为他们提供一定的支持。只有当园长提升服务质量，才能够在园长、教师、家长等不同的利益主体之间建立一种更为广泛的信任，才能够更好地促进各个利益主体的发展。

三、沟通协调意识

沟通协调意识是指在公共关系中要增加透明性，确保公共关系在健康环境下运作。如果公共关系不能得到发展，各个利益主体之间的信息不能够得到有效的互通，会导致每个人对事件的理解产生差异，造成沟通障碍。另外，公共关系的本质是一种关系，而关系的发展最重要的就是要进行沟通。当公共关系管理出现问题时，园长要做到及时地与当事人联系，询问他们的想法，询问事情的来龙去脉，从而让大家更加了解事情的真相。

在创建有效沟通的过程中，要采用"非暴力沟通"的方式，还要具备"共情"的能力，这样才能够增加沟通中的理性和人文关怀，才能够让沟通更加顺畅地开展。同时正如伽达默尔所说，沟通意识主要是为了增进主体之间的一种"视域融合"，只有增强幼儿园中各个利益主体之间的联系，产生一种融合，幼儿园才能够获得更好的发展。

四、团队建设意识

团队建设意识是指园长公共关系的管理并不是园长的单打独斗，也不需要园长事必躬亲，而是要充分利用团队的力量。俗话说，"一个篱笆三个桩，一个好汉三个帮"。园长在公共关系管理的过程中，要注意组建和优化幼儿园管理团队，确保整个团队的人员能够相互补充，共同成长，促进幼儿园的健康发展。与此同时，当幼儿园出现公共危机的时候，园长能够充分地考虑管理团队的成员，因为园长既是公共关系的主体，同时又是化解公共关系的重要支柱。

五、资源整合意识

资源整合意识是指园长在公共关系管理中要具有全局眼光，要照顾到各个利益主体之间的关系，在处理某一方面的关系时，要考虑到可能会对别的方面产生重要的影响，只有这样才能够整合各方的资源，从而为幼儿园的发展服务。要关注到幼儿园内部和幼儿园外部的关系，要关注幼儿园教师和幼儿之间的关系等，关注到幼儿园教师和家长之间的关系等。幼儿园是一个开放的系统，这个系统中的各个构成要素之间是一种密不可分的关系，因此只有具有资源整合意识才能够确保整个幼儿园的健康运转。

在经济、科技信息飞速发展的时代，需要园长能够充分认识到幼儿园与社会是不可分割的有机体，有敏感的社会意识、公众意识，坚持开放办园。这会使得幼儿园公共关系得到发展的同时，收获丰富的幼儿学习资源、教师支持性资源、幼儿园社会交往性资源，从而促进幼儿发展、教师成长以及幼儿园可持续发展。

在大力倡导"安全重于泰山"和"师德为先"的社会舆论中，各种软硬件安全防范措施、法律法规实施过程中，园长作为法人的危机意识全面影响着幼儿园的管理，各种危机管理体系的建立、健全在提升幼儿园管理质量的同时，也在保证维护着幼儿园的良好形象。

总之，园长的公共关系意识能引导幼儿园全体教职员工从战略高度认识公共关系，从而增强职业使命感和责任意识。"我们是一个人"的意识能够促进幼儿园的团队建设，激发办人民满意的教育和为公众提供优质服务的热情。幼儿园组织的立足地域文化，聚焦幼儿发展的社会活动，如《3—6岁儿童学习与发展指南》宣传进社区、家长学校等，引领着社会公众科学育儿观念的建构。幼儿园真诚的态度和勇于承担责任，积极处理各类公共关系问题的努力，逐步引领着媒体舆论日趋理性的报道，也使得广大幼教人看到了能够踏踏实实办教育的时代的到来。

第二节　园长公共关系管理的原则

园长公共关系管理直接影响到幼儿园的生存和发展。幼儿园通过传播、沟通、合作、交流等方式、方法，与园所内外的社会、公众建立起彼此合作、信任的关系，从而提升园所的美誉度，促进园所持久发展。园长管理公共关系的原则主要包括以下四个方面。

一、尊重为先的原则

幼儿园公共关系涉及幼儿园内部的方方面面，涉及与幼儿园发展相关社会的方方面面，涉及与服务对象幼儿相关的不同人群。作为学前教育机构的法定代表人，基于所代表的以模仿学习为主的幼儿和为人师表的教师的特殊性，无论在处理对外关系，还是对内关系中，园长在处理事物的过程中，都需要遵循尊重为先的原则。

案例 1　玻璃上的小洞

早上不到七点半，小一班的张老师就急匆匆地来到我的办公室，说她发现班级里的一块玻璃上有一个小洞。我赶紧过去查看，发现那个小洞是用弹弓打出来的。看到这个情况我很担心，要是打着孩子后果可就严重了。为了避免打伤孩子和教师的事件发生，我马上将这件事情告知所有工作人员，让大家提高警惕。

中午时分，小二班里也发生了同样的事情。班里的王老师说她发现了破坏玻璃的是对面三层楼上的一个男子。他打完后，还探头看了看幼儿园里有什么反应呢！了解到这一信息，我首先找到了对面楼的楼门长李大妈，她是我的舞伴，自然也就亲近了许多。我说明了幼儿园刚刚发生的事情，向她了解打弹弓的这名男子的家庭情况。她告诉我那是老张家，这个家庭有一个老妈一直瘫痪在床，老爸早就去世了，唯一的儿子办了内退在家照顾老妈，前两年媳妇又与他离了婚，没离婚前家里也是有说有笑的，现在可倒好，从没见老张出过门，家里的生活比较困难。李大妈分析说，幼儿园每天早晨七点半、中午十点都会播放活动音乐，喜欢孩子的还好，不喜欢的居民肯定有意见，如果家里再有个上夜班的，那就更有意见了。李大妈说，或许老张是因为嫌幼儿园太吵才捣乱的。

了解了情况后，我请李大妈陪我到老张家去拜访。打开房门，屋里黑洞洞、臭烘烘的，窗帘紧闭，沙发上、床上、柜子上东西堆得满满的，隐隐约约地看到房间里根本没有下脚的地方。看到我们来，老张还赶紧收拾沙发上的东西让李大妈坐下。看到眼前的情形，我有点心酸的感觉，来时的气愤情绪一点都没有了。李大妈首先询问了老张妈妈的情况，我也主动地请他们说说对幼儿园的意见。看到我这么真诚，母子俩也都非常感动，连忙说没什么意见。

这次去老张家，给了我很大的触动。我们的幼儿园一直处于筹备阶段，我把全部的心思都放在幼儿园该怎么建设、怎么发展上，而没有考虑到幼儿园周边的环境与周边的居民，更没有考虑我们会给他人带来什么不便和困扰。想到这里，我立即筹划开展这方面的工作，组织教师们开展到社区帮助困难家庭和五保户家庭的活动。

后来，我经常看到穿得干干净净的张大哥推着张大妈在幼儿园的门口晒太阳，孩子们做操时张大妈也会像孩子一样坐在轮椅上活动活动。冬天有次下大雪后，我看见张大哥自己动手做了木板锄头在社区里推雪，还帮助幼儿园把雪清扫干净。张大哥是个心灵手巧的人，我征得领导班子人员和张大哥的同意，还聘他为幼儿园的维修工，有活就请张大哥来帮忙。

玻璃上的小洞早就修复好了，以后再也没有发生过这种事情，幼儿园与社区居民的心走得更近了。一个玻璃小洞让我走进了社区居民的家庭，理解了每个家庭，体味到了人与人之间的真诚与温暖，同时也让我感受到了每个家庭给幼儿园无限的支持与鼓励。

（北京市丰台区丰台第一幼儿园　朱继文）

案例分析

作为"受害方"的代表，园长在调查事件原因的过程中，首先与熟识的楼门长李大妈取得了联系，了解了"施暴者"的基本情况，沟通中用平和尊重的态度取得了对方的信任，通过征求意见的方式化解了幼儿园给居民生活带来打扰的不满情绪，还用组织教师们开展到社区帮助困难家庭和五保户家庭的活动影响了居民，赢得了周边居民对幼儿园工作的支持。

幼儿园并不是社会中的一座孤岛，而是处于社区之中。因此，幼儿园和社区之间的关系是否健康，将会影响幼儿园的发展。在本案例中，幼儿园的吵闹和社区中老人较多之间形成了一种矛盾，因此引起了社区人员的反感。在这个案例处理的过程中，园长坚持了及时性、真诚性和沟通性的原则，使公共关系在没有恶化之前，将其化解，从而保障了幼儿园环境的健康和谐。

二、以促进幼儿发展为根本的原则

我国政府在签署联合国《儿童权利公约》时，将儿童有限发展这一原则要求写入了宪法，作为幼儿教育机构，要基于 3 至 6 岁幼儿学习特点，基于幼儿园是幼儿独立进入"社会"生活、学习的实际，在丰富的公共关系建构和管理中，要努力做到一切活动符合幼儿实际发展需求，体现幼儿为本的教育理念，促进幼儿发展。

案例 2 社区助力幼儿园解围

我们是一所"住"在社区中的幼儿园，在小区里办幼儿园，有人欢喜有人怨，幼儿园开在居民楼里，虽然方便了小区及附近幼儿的入学，但噪声、活动场地等问题也给居民带来一些烦恼。特别是幼儿在户外做早操、活动时热闹的声音、教师的指挥声音等都会影响居民的休息，尤其是上夜班的居民。因此，幼儿园时常会收到投诉，有时甚至会发生矛盾和冲突。

园长想到了借助社区力量，如居委会、街道办事处等，帮助幼儿园解决目前的困境。这些基层部门的工作人员，常常与居民打交道，与居民有比较密切的联系，有着良好的沟通基础。在社区部门的这条沟通纽带的帮助下，园长积极面对投诉的居民，主动沟通，同时也尽量减小幼儿园广播的播放音量，缩短播放时间，尽量减少干扰，争取到大部分居民的理解，使园所得以在社区内稳步发展，最终促进了小区内幼儿的健康成长。

（北京市东城区前门幼儿园 邹平）

案例分析

当园所面临被所在辖区内的居民投诉干扰时，园长没有选择单打独斗，而是借社区部门的力量，共同与居民沟通。作为园长，必须意识到社区对幼儿园的发展具有非常重要的作用。同时也要打造幼儿园对所在社区的归属感、认同感，使之成为社区生活和活动主体的一部分，做到便民大于扰民，这样难题就迎刃而解。

三、全员参与的原则

幼儿园公共关系涉及幼儿园的方方面面，因而全社会对幼儿学习方式和特点的认识在不断丰富，对幼儿园质量不断提升的社会需求也在不断高涨，所以丰富的幼儿园公共关系建构不是几个工作人员能独立完成的，需要全体教职员工参与到公共关系活动中，在组织认同、专业认同的基础上，自觉建设和维护幼儿园良好形象。

案例3　"忙碌"的保教主任

在我刚成为一名园长的时候，园里的保教主任常常向我抱怨工作量大，每天有忙不完的事情。作为园长，我有责任帮助干部优化工作流程及内容。

通过观察，我发现，这位保教主任是一位事必躬亲的人。例如，代替教研组长组织教研活动，又亲自参与园内各种活动的策划。于是，我跟她商量，建议园务会议我们轮流主持。保教主任感到为难，因为她并没有开展过相关工作。我看出了她的困惑，提示她回顾我平时在园务会议上的主持方式及与教职工的互动形式，协助她梳理出思路。在她顺利完成一次园务会议的主持工作后，我问她主持园务会议和只参加园务会议有什么不一样的感受？她告诉我，原来作为与会者，只负责听和记录相关安排，相对被动，思考较少。而主持，则需要主动思考，包括内容布置、言语表达，与会人员是否理解等。

随后，我进行了园所工作的全面改革，推广幼儿园会议轮流主持制度，甚至覆盖到亲子活动、各种特色活动等，鼓励教师自主报名承担项目策划人。

通过这件事，让保教主任体验了不同的角色，也帮助她了解到作为保教主任的角色，是一种引领、一种培养，而不是简单的替代，更好地明确保教主任的职责。

（北京市朝阳区劲松第一幼儿园　于渊莘）

案例分析

案例中这位年轻的园长，在面对中层管理的抱怨时，能够用客观的态度来寻找问题的根源，通过深入观察，分析保教主任的工作特点。园长没有采取说教的方式，而是通过角色转换的体验，引导保教主任正确认识自己的工作职责：其作为园所管理层的中坚力量，既要承上还要启下，这样不仅保护了保教主任的工作积极性，也能提升了工作效率，更为其做出了表率。同时，园长非常善于以点带面，顺势全园推广轮流主持、轮流策划的制度，更鼓励教师自荐成为项目负责人，为年轻教师创造更多的锻炼机会，让全园充满主动工作的气氛。

四、互惠共赢的原则

幼儿园作为一个社会组织，已经不再是过去那个可以"关好自己的门、管好自己的人、做好自己的事儿"就能够存活的组织了。在现代生活中，幼儿园需要维系社会网络，与社会组织、公众等建立错综复杂的关系。大锅饭时代和自身视为弱势群体的时代已经一去不复返了。现实中，幼儿园需要转变观念，学会在市场经济中与社会组织、公众等建立合作关系。幼儿园必须遵循互惠互利的原则，以实现双赢为目标，这才是其可持续发展的必然选择。

《3-6岁儿童学习与发展指南》的出台，从国家层面上引导幼儿园转变观念，建立社会、公众、幼儿园共同理解幼儿发展特点的舆论平台；从公众层面看，有利于社会机构建立科学的支持幼儿园发展项目，有利于建立家庭和公众科学育儿理念，有利于形成理解支持幼儿园教育的氛围；从幼儿教育机构的教育实践层面看，有利于进一步提升幼儿教育的专业性和科学性。因此《3-6岁儿童学习与发展指南》的颁布和实施，确确实实地为实现社会、公众、教育机构科学育儿搭建了互惠共赢的平台。

案例4 与社区共享成长硕果

20世纪90年代初，我刚成为一名园长。最初，并没有深入社区、紧密联系社区的意识。在那个时期，办幼儿园的主旋律都是关起大门，干好自己的事，管好自己的人。

进入21世纪后，北京市出台了一系列惠民政策，其中一件就是要建立社区早教服务中心。幼儿园就是社区早教的基地，因此，为响应政府的号召，我带着管理干部走进了社区，与居委会、妇联等相关部门加强了联系，展开了调研。了解幼儿园可以为社区做哪些事情，而社区又有哪些资源可以为幼儿园所利用。

于是，我们在社区内建立了育儿专栏，适时地传播科学育儿理念、婴幼儿护理常识等；同时组织教师成立游戏小组，编写家庭亲子游戏，甚至开展入户指导。幼儿园的专业服务赢得了社区居民的一致赞赏。同时，也为相关的政府部门提交了漂亮的成绩单。幼儿园举办大型亲子活动时，受到场地问题的困扰，社区积极协调，为幼儿园提供适当的场所。幼儿园也会带领幼儿走进社区，开展生动的社会实践课程，例如，到敬老院表演、到社区超市购物等，而在教师节、儿童节，社区、妇联代表会向幼儿园教师和幼儿送上节日的祝福和礼物！

幼儿园与社区形成了良性合作伙伴关系。资源共享，优势互补。

(北京市东城区前门幼儿园　邹平)

案例分析

本案例中园长把握了政策的最新动态,顺应时代的变化。引领园所从封闭办园迈向开门办园。在这个过程中,园长充分发挥园所的优势,结合幼儿教师的专业特点,为社区做出具体的服务,也收到良好的社会效益。同时园长善于思考,本着共生共赢的态度主动拜访相关部门,探索资源互补。在园所发展过程中遇到问题主动寻找社区帮忙。树立大教育观念,有效利用社区资源促进幼儿全面发展。家庭、社区、幼儿园三大环境对幼儿的成长有各自的影响,只有多方面教育相互配合、形成合力才能使幼儿园保教质量进一步提高,最终实现幼儿园、社区共成长,共惠百姓。

第三节　园长公共关系管理的途径

幼儿园园长公共关系管理的方法有很多种,包括宣传、沟通、展示、服务等。[①]

◯ 一、宣传

宣传是向公众说明情况,讲清道理,使公众信任并支持某项政策或行为的一项活动。幼儿园可以综合利用各种传播媒介、宣传工具,向公众传播信息,造就宣传形势,在较短时间内形成有利于幼儿园发展的舆论。

具体的宣传形式可以包括以下五个方面:①利用报纸、电台、电视等进行专题访问和新闻报道;②通过报纸、电视和设路牌做广告;③开新闻发布会;④向家长、社区及其他公众引发宣传资料;⑤利用家长学校向家长及社区宣传早期教育的理念和育儿知识。

◯ 二、沟通

沟通是人与人之间直接交往为特征的公共关系模式。具体包括以下方式:
①向上级领导、主管部门提出办园的设想与建议,争取他们的理解和支持;
②看望、慰问生病的上级领导、园内员工、幼儿、社区老人等;
③成立家长委员会,让家长参与幼儿园管理;

---

① 秦明华,张欣主编. 幼儿园组织与管理(第二版)[M]. 上海:复旦大学出版社,2014:168~170.

④设家长、员工接待制度，有针对性地交流看法，沟通思想；

⑤建立家园联系册，交流幼儿健康和学习情况；

⑥通过座谈会、茶话会、宴会、舞会等形式与公众进行沟通，交流感情；

⑦走访社区、家长，了解他们的需求和建议；

⑧逢年过节，邀请公众联谊，促进感情交流。

三、展示

展示是指举办社会性、公益性活动提高幼儿园形象的活动模式。具体包括以下方式：

①以节日庆典为由而展开，借机邀请有关公众做嘉宾，增进与各方面的交往；

②以社区为中心开展活动。如参加社区运动会、参与社区文艺活动、开展亲子游戏活动等；

③向幼儿家长及社区公众展示幼儿学习、生活的过程和取得的成果。如幼儿园半日开放活动，幼儿园常态观摩活动，幼儿园教育活动等。

四、服务

幼儿园服务是指幼儿园考虑到家长的需求，并提供路径进行满足的过程。具体包括以下方式：

①提供方便家长的接送服务；

②采取各种形式的托管方式：半托制、全托制、寄宿制、周末制、午托制等；

③小区内居民享受优先入托政策；

④困难户、低保户的优惠入园政策；

⑤走向社会、走向街头的免费咨询服务；

⑥为社区、企业提供文化事业服务、公益服务等。

第三章 园长内部公共关系管理

幼儿园的内部公共关系管理涉及诸多方面，其中包括园所的卫生保健、安全保卫、教职工管理、财务资产管理等。建立健全幼儿园管理的各项规章制度，需要严格落实教师、保育员、保健医、保安、厨师等各岗位职责，提高幼儿园管理规范化、科学化水平，推行园务公开等。优质的幼儿园内部公共关系管理会促进外部公共关系的健康发展，一些内部的公共关系因为处理不当，甚至会波及外部公共关系，引发公共危机。因此，园长的内部公共关系管理能力也是重要的专业技能之一。本章将分别探讨园长与园所内部各方面公共关系的管理。

第一节 园长与中层领导关系的管理

幼儿园的中层领导，从管理的角度看，其主要职能在于严格有效地落实幼儿园的各项规章制度和管理措施，为促进幼儿园的发展提供合理化建议或主张，即所谓的"园长出思想，中层抓落实"。因此，幼儿园要实行精细化管理，向细节管理要成绩，其关键人物就是幼儿园的中层领导。中层领导是幼儿园管理的中枢，是幼儿园的关键人物，得力的中层干部是园长施政的左膀右臂，是园长决策的参谋智囊，是幼儿园教育教学及管理的辐射源，是幼儿园发展的加速器。幼儿园犹如一台大机器，欲使其正常运转，必须要有源源不断的动力，这动力来源就是幼儿园的领导班子，但光有动力是不够的，还要有传动带，来带动各功能部件的运作，中层干部就是传动带，没有传动带，动力就白耗了。

中层领导连接着园长和基层教师，起着承上启下的作用。中层领导是贯彻国家和地方教育行政部门幼儿教育政策的关键力量，因此园长与中层领导之间关系的管理，对园所发展具有十分重要的意义。

案例 5　真心交流，真诚沟通，用心感悟

　　我是今年幼儿园新聘的办公室主任，当自己真正在这个岗位上工作时，面对千头万绪的办公室工作，我才认识到自己的不足与脆弱。

　　有一次，由于自己的不成熟，面对发生的问题不能够及时调整自己的情绪，与幼儿园另一位管理领导发生了摩擦，不冷静的我用短信的方式跟于园长说："于老师，我不想干办公室主任了，我想回班带班。"由于于园长当时在开会，她用短信的方式回复我说："亲爱的亚红，冷静、静心，幼儿园工作大家一起做，我们是一个大家庭，磨合是必然的，当问题出现的时候，拓宽视野思考问题，先接纳、再磨合、积极应对、完善改进，你现在先转移一下注意力，将手头的工作放下，去做点别的事情，相信你会处理好的，我在开会，咱们再沟通啊！"冲动的我，反复读着园长的短信，我心里的火苗逐渐在熄灭，冷静下来，反思工作，我找到了自己的失误与不足。一天后，我主动地和曾经发生过摩擦的管理领导进行了沟通，工作上达成了共识，互相取得了谅解。

　　通过这件事，我深深地认识到自己的成长和进步离不开于园长的关心与培养和同事的鼓励与帮助。无论是做普通教师还是办公室主任，我都心存感激。很幸运在困难和逆境中得到了于园长许多指点帮助，是于园长在我成长的道路上给了我很多的帮助。我很庆幸自己在第一时间与于园长进行了沟通，我真正认识到沟通是人与人之间、人与群体之间思想与感情的传递和反馈的过程。良好的沟通能化解误会，增进感情，让团队的气氛更和谐，而和谐的气氛是团队合作润滑剂，能提高团队整体的战斗力。

　　通过几个月来的办公室工作，我深知办公室主任这一职务，既是一份责任，更是一份义务。因此，工作中我会勤奋敬业，恪尽职守，用优异的工作业绩来报答园长的关怀、教师的信任。堂堂正正做人，勤勤恳恳干事，是我恪守的行动准则。

　　真心交流，真诚沟通，用心感悟，心存感恩！我们一路携手前行！

（北京市朝阳区劲松第一幼儿园　崔亚红）

案例分析

　　优秀的教师资源是幼儿园的宝贵财富。幼儿园的教师在发展的过程中，尤其是发展的初期，面临着心绪上的不稳定，遇到问题或困难时，容易产生焦虑、愤怒等负面的情绪，从而影响工作的开展。在这个案例中，于园长用温暖的文字，

化解了教师的愤怒，让教师不仅意识到园长的真诚，同时也意识到作为一个幼儿园教师在成长的过程中，面临着工作中的磨合是必然的现象，从而让负面的情绪得到了缓和。由于园长的关怀和真诚，再加上教师个人的努力，最终促进了一个带着负面情绪的事件转危为安，从而让幼儿园更为健康地发展。

园长在处理公共关系的过程中，如果能够高瞻远瞩，能够提前预防公共关系危机的发生，当然再好不过。然而，作为园长，亦不要惧怕幼儿园所产生的矛盾，这些矛盾中也包含着很多能够很好融合和凝聚幼儿园内部各方力量的重要契机，这就是范梅南所说的教育机智。① 人与人之间关系的发展，并不是一帆风顺，所谓不打不相识，道理就在于此，不是要尽量逃避矛盾，而是要提升化解矛盾的能力。

案例6　独角戏难唱

我们幼儿园曾经和贫困山区的一个幼儿园建立了手拉手活动，他们每年会有教师到我们幼儿园跟岗学习。

这所幼儿园原来的老园长刚刚辞职，她已经在该幼儿园工作了 30 年，与教师们关系非常好。新园长上任后不久，带着很多问题来到我们幼儿园学习，在学习期间，她非常认真，每一个部门、每一个岗位都不落下，总是想运用我们的经验解决他们的现状。而她最困惑的就是，幼儿园的工作氛围不是很理想。教师每天工作 6 个小时，工作状态很散漫，也很少能集中起来进行教学研讨。

那么，老园长以往的课题是如何完成的呢？我们也派了一位指导教师前往其幼儿园进行指导交流。经了解，我们发现，幼儿园以往的课题都是老园长亲自完成的，并没有将其他的教师请进来协作，所以长期以来，幼儿园形成了一种园长独自一人管理、教研的习惯。当新园长到来后，其新的管理意识就形成了"水土不服"的局面。

（北京市朝阳区劲松第一幼儿园　于渊莘）

案例分析

新园长接替老园长的工作时需要有一定的传承，在传承的基础上，再实现创

---

①　[加]马克斯·范梅南．教学机智——教育智慧的意蕴[M]．李树英译．北京：教育科学出版社，2001．

新，在逐渐接纳过程中，慢慢地改进、调试，只有当每一个教师对幼儿园建立一种归属感时，幼儿园才能正常运行。

幼儿园基本的工作思路就是在园长的引领下，通过集体的智慧，建立起幼儿园自身的文化。在这个过程中，要实现一种自上而下和自下而上的一种互通。

另外，幼儿园在向其他地区的幼儿园学习的过程中，要从实际出发，基于本地的文化基础，借鉴适合自己的东西，建构起自我的文化内核，从而促进幼儿园的发展，而不是照搬别人的东西。

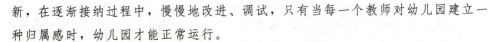 **案例7 "直率"的新书记**

新调入的书记工作非常认真，也有着较高的专业水平，做事风格硬朗、直接明了。在一个炎热的暑假中，我们幼儿园园区内有五处设施需要改造。为了确保施工的安全开展，园总务主任，放弃了假期的休息，坚守在一线施工现场，为了赶在开学前完工，他常常工作到凌晨，非常辛苦。经过园务主任的努力付出，认真监督，设施改造如期顺利完成。

作为书记，应该捕抓到这样先进的工作榜样并树立起来，但我发现书记并没有做出相关的安排。于是，我给书记发短信，建议开展师德师风的系列活动，以园务主任为榜样，树立爱岗敬业的精神。活动以各种形式开展：有把总务主任的事迹用视频的方式记录并在两个园区播放；也有以画册的形式呈现。我们还开展了座谈会，每位教师都分享自己的启发和收获。总务主任听到教师们的感言时，激动的泪水在眼眶中翻滚，就在这个时候，座谈会的教师主持人，把话题岔开了，以使总务主任的情绪稍微平复，抑制住快要掉下的泪水。

座谈会进入尾声，没想到书记在总结活动时，当众指责了我们的主持人。他认为主持人并没有把握好现场的氛围，让活动效果有所折扣。我坐在席间，发现这位年轻教师脸色一会儿白，一会儿红。

活动结束后，我私下和书记聊天，问他刚才在发言的时候，是否注意到这位年轻的教师表情和内心的变化？这会给教师们带来什么样的影响？书记回答，他并没有考虑那么多。我对书记说，首先，如果我是那位年轻教师，下次不会再担当主持的工作了。其次，这对于整个团队来说，也在传递一种负能量，挫伤了教师们的积极性。

书记听了才恍然意识到自己处理欠妥，于是在参与月初的全园教职工会议时，他真诚地向这位主持教师道歉，并鼓励她争取下次做得更好，全场响起了热烈的掌声。

（北京市朝阳区劲松第一幼儿园　于渊莘）

案例分析

这是一个关于园长和新书记的案例。在幼儿园中，园长和书记是平级关系。书记更多负责党务和党政工团工作，其对倡导良好园风，推动幼儿园的精神文化建设和教师的专业成长在重要作用。虽然园长和书记的角色不同，但其关系是否和谐、工作配合是否默契，特别受教师们的关注。

当资深园长遇到新书记时，信任和默契的建立需要一个磨合过程。在面对新书记经验的缺乏，工作上的疏漏和不足时，园长非常细心、耐心地扶持新书记，建议新书记抓住亮点办活动，有效打造园所文化建设。在活动过程中书记发现教师存在的问题及时指出，本意是好的，但处理方法不得当，园长又一次采取了私下沟通的方式，很好地保护了新书记的自尊心，留给书记更多的思考空间。另外，这也是园长管理方法的一种传递，让书记意识到在管理过程中，鼓励和赏识对教师有着积极的作用。最后书记在全园会议上向教师表达了歉意，得到了大家的认可。

案例8 中层理解危机

一天早上，我去检查常规工作。正好碰到保教主任，她连忙解释说："园长，我今天又迟到了6分钟。"我立刻想到昨天她跟我说她迟到的事，想都没想便脱口而出："你怎么又迟到了？""什么叫'又迟到了'，我愿意呀！"保教主任一下子急了，声调也变得高了起来，"我现在是没辙了，您爱怎么扣就怎么扣吧！"接着又急着向我解释因为家到单位路途遥远，如何堵车，现在早出来都没有准了的原因，等等。看着她生气的表情和不安的话语，我有点后悔刚才脱口而出的话了。为了让她情绪平稳地投入到工作中，我赶忙温和地安抚她："你别急，我不是这个意思，我能理解你确实家远，也不想迟到……"她的态度缓和下来，但还是说了句："该怎么扣就怎么扣吧！我就是跟您说一声。"然后就去工作了。事后回想起主任当时情绪激动的样子，因为我的问话使她本来就忐

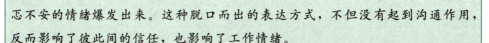

忐不安的情绪爆发出来。这种脱口而出的表达方式，不但没有起到沟通作用，反而影响了彼此间的信任，也影响了工作情绪。

（北京市东城区前门幼儿园　邹平）

案例分析

细细想来，很多事情的发生，最初出发点都是好的。就是由于沟通方式的不妥才导致问题的发生，因此细致地做好沟通工作，对于园长来说非常重要。当教师、中层干部在工作中遇到问题的时候，园长要学会站在对方的角度考虑，特别是在急躁情绪发生时，更要认真地倾听倾诉。"站起来讲话需要勇气，坐下来倾听更需要勇气"。在倾听的过程中，给教师一个宣泄的空间，并寻找问题发生的真正原因，思考解决问题的策略。在解决问题的过程中，要有沟通的艺术，一句知心的话语、一个理解的眼神，都可能让沟通变得更为有效。

第二节　园长与教师关系的管理

园长与教师的关系是幼儿园中最为重要的关系。幼儿教师年轻化趋势加强，他们处于发展过程中，是正在发展的人；同时，他们又承担着幼儿教育和管理幼儿的重要角色，是幼儿园中与幼儿接触时间最长的人员。园长管理好与幼儿教师的关系，有利于保证幼儿园的政策能够得到扎实的落实，也是实施《幼儿园教育指导纲要（试行）》的重要保障。所以，需要倡导一种新的幼儿园文化，把对教师的管理提升到为教师、为教学提供服务与支持的层面上。

园长与教师是平等的关系，园长要做到对每一位教师的信任，充分相信他们的能力，给他们提供充足的时间，允许她们大胆尝试，不能急于求成，不给他们压力，让他们去亲历成功与失败，耐心等待他们的发展，并适时地给予帮助和指导，使他们在发展过程中一步步地提高。同时，对教师要理解和宽容，要接纳教师的个性特点与不足，给教师改正不足的机会，满足不同层次教师的发展需求，这样才能形成一种和谐的、彼此尊重的良好氛围。另外，园长还要激励教师参与幼儿园管理，要善于用人，用人之长，委职放权，让教师感到自己的肩上有担子，这种适宜的压力，会激发他们的主观能动性，使每个人都感到自己是幼儿园的主人，这种强烈的自主意识会渗透在工作的方方面面。园长还要给教师创造机会与条件，搭设各种平台，来增进团队成员之间的沟通和了解，从而使大家能够彼此欣赏、彼此包容、彼此信任、彼此促进。

案例9 沟通中找准定位

苏霍姆林斯基曾经说过："作为校长，你不仅是教师的教师，不仅是学校的主要教育者，而且形象地说，也是一个特殊乐队的指挥，这个乐队是用一些精致的'乐器'——人的心灵来演奏的。你的任务就是要听到每个演奏者（教师、班主任）发出的声响，你要看到并从心底感觉出每个教育者在学生心灵里留下了什么。"每个园长都想用自身的智慧成为教职工心目中那个杰出的指挥，而我们的园长就是在用她的管理智慧，让我们每一个人找到职业的幸福感。

来到翠成幼儿园已经两年的时间，在这两年中，我不但感受到这个大家庭带来的温暖与和谐，而且也感受到这个大家庭带来的快乐与幸福。我们都是家中的一员，园长就是我们的家长，每天带着我们这些混龄班的"孩子"共同成长！照顾我们的生活，解决我们的问题，化解我们的情绪，还会针对个别"孩子"因材施教，一次次的沟通，带来的是机遇，带来的是转变，更多的是让我更加坚守对这份事业的执着。

对于一个新调入的人来说，需要适应环境、适应人、适应管理风格，而这对于不善表现的我，无疑是个挑战。带着这种担心我来到幼儿园，当园长在全体教师面前介绍我时说道："静静老师是市级骨干教师，有着丰富的教育经验，相信一定会帮助到其他老师。"简单的几句话，却让我们一下子拉近了彼此的距离。在接下来的一段时间里，我尝试着做教师培训、保教管理工作，园长都会提醒我："作为管理者，一定要在做事情前，想清楚为什么要做，要怎样做，只有你想清楚，说清楚，其他教师才能明白"，也正是这句话让我在培训或管理的过程中，思考得更多，原有的担心逐渐淡化。

从那以后，园长为我创造更多的机会，让大家认识我、熟悉我，帮助我树立起自信！只要有机会，园长都会第一时间通知我，外出培训讲座、组织教师培训。特别是我刚来不久时，教委组织骨干教师赴英国学习交流。当时我在想，自己刚来，而且幼儿园的事情也不少，如果去的话会耽误许多工作。但当我问园长的时候，她当即就说："一定去，这是个很好的机会，好好学习，回来与其他教师分享。"项目答辩前，园长利用休息时间帮我们备课，耐心聆听我们的想法与困惑，上网帮我们查找资料，使我们思路逐渐清晰。在园长眼中，我们是被"拾来"的一颗颗璞玉，每块都有它闪光的地方，经过不断打磨，一定能成为璀璨的美玉！她时刻记挂着我们，用不同的方式支持、帮助着她的每个"孩子"。园里第一届新年庙会的成功举行，让我对自己有了更大的信心。当园长让我组织这次活动时，她再次找到我，与我交流："组织这样的系列活动，要把活动价值挖掘出来，不能仅为了活动而活动，而是要让家长看到孩子成长的同时，还要看到教师专业性。"于是，从策划到准备再到最后的开展，园长都是默默地支持，适时地指导，帮助我把每个细节想到位，如游戏规则的粘贴位置，开始我并没有考虑过多，当园长看到后并不是立即否定，而是提出几个建议，并亲自示范，通过比较，我才确实发现是应该放大贴出来，一目了然，避免了许多不必要的解释。

沟通是快乐的源泉，是工作的基石，可以拉近人与人之间的距离，可以相互理解，达成共识。在这两年中，园长用微信、面谈、电话、写信等多种方式与我沟通，当我有情绪波动的时候；当我角色不能转变的时候；当我感受到压力的时候……她都会第一时间与我沟通，就像心理医生一样化解我的各种"疾病"，帮我诊断病因，对症下药。

园长对新来到幼儿园的每个人都会面对面沟通，记得园长第一次与我谈话，先问了我的想法，"你觉得你有哪些优势？可以做什么？"然后告诉我她的想法并让我考虑。园长一直强调的是专业不能丢，这其实也是我希望的。园长并没有硬性要求我做什么，而是给我一个选择的机会。利用假期她让我帮着整理园所档案的同时了解园所的文化，也就是在那个时候，从各种文字材料中知道了翠成倡导的一些理念，其中有一句话印象深刻：翠成因你而精彩！园长努力在这样做着。她心里装着每位教师，时刻关注我们的感受，用信任与放权的方式激励着我对这份事业的热爱。从开始做教师培训，园长就告诉我一定要了解需求在先，这样培训才有效。在这个过程中，园长放手让我去做，她更多的是看，而在关键的时刻她又会亲身示范，告诉我在大活动中如何统筹规划，使得活动更加有效。

当知道我要参加北京市半日评优活动后，园长第一时间又找到我，问我的想法，她并没有给我太大的压力，只告诉我当成一次机会，证明自己既可以做管理，又可以带班。那段时间，确实很辛苦，甚至到了班级环境不知如何调整的地步，就在停止不前的时候，园长对我说："别让自己太累，多休息，这段时间不要加班了，多看看孩子，一定会有灵感的。"同时又为我提供了参观、专家指点的机会，让我打开视角与思路，再次将自信心拾起，较好地完成了评优活动。活动结束后，园长让我趁热打铁，及时总结与反思，为园里教师进行了分享，成长比成功更重要是我最大的感受，同时我也重新认识了自己，无论做什么角色，专业不能丢。

我们都知道用人贵在用其长、避其短，如此方能获取最大效应。园长不拘一格用人才的艺术，更让我有了存在感，寻找到职业的幸福感。我喜欢跟孩子在一起，喜欢到班中与其他教师一起研究，园长通过观察与多次面对面的沟通，了解我的所思所想，以及我的优势，终于做出了一个决定——为我成立了"静心工作室"，可以说是为我量身打造的，从名字便可以看出来，就是要静下心来带领教师一起感受职业的幸福感！让每位教师用仰望星空又脚踏实地的态度，静下心研究，静下心思考、静下心做教育。

一次次的沟通，让我不断敞开心扉，在不断变化角色中，将自己的专业随时运用到实践中，真正做到因为专业所以从容。在这个过程中，园长始终是默默的支持者、观察者、引领者，点燃我工作的热情，让我始终不忘初心！

（北京市朝阳区翠成幼儿园 张雅静）

案例分析

园长在幼儿园中究竟扮演怎样的角色是每一个园长需要思考的问题。在张老师的案例中，我们可以看到一个教师眼中园长的形象，她是一个乐队的指挥师，是一个家庭的家长，是一个团队的倾听者，是一个知人善任的领导者。

园长指挥师的角色奠定了整个"幼儿园"的气场和氛围，最为关键的一点就是"指挥师"园长能够贴近每一个人的内心，能够倾听到每一个人的心声，而每一个人的心声，几乎都是幼儿园发展的动力之源。幼儿园中最真实的、最深刻的想法和动力都存在于幼儿园每一个教师的内心之中，能够倾听每一个教师心声的园长，就能够获得幼儿园发展的源源不断的动力，从而能够让幼儿园实现持续的发展。

园长的家长角色奠定了幼儿园家的氛围。幼儿园是一个家，这是关于幼儿园的一种最为温暖和贴切的比喻。幼儿园是学校，但更是家，当家的温暖洋溢在幼儿园的每一个角落，幼儿园的教师和幼儿就能够获得长久的发展。家中可能有分歧，但有一点价值判断是肯定的，每一个人都是为了帮助他人更好地成长而不断努力。正如我们每一个人的家长，尽管有时候会批评我们，但很快就会恢复彼此的关爱。

园长还有一个倾听者的角色。著名美国教育家诺丁斯指出，教育关系的本质是一种关心关系。① 关心关系有两个要素构成，一是倾听，二是回应。这个角色和乐队指挥的角色内在上是一致的，都需要关注教师的内心世界。

园长还有知人善任的管理者的角色。在当代教育研究中非常重视分布式领导的力量，针对教师的专长，赋予教师一定的角色任务，让教师在角色的发展中不断增强自我的能力，从而获得全面的发展。只有积极参与，敢于承当一定角色的教师，才能够获得更加长远的发展，才能够促进教师成为更好的自己，从而促进幼儿园全面的发展。

案例 10　我的调入风波

我是 2014 年调入劲松第一幼儿园的，但是由于我刚入职时在原单位有些档案并不是很完善，缺少一些内容，使得调入的时候不是很顺利。当时我很害怕也有些苦恼。第一，怕因为档案的原因使得我调入的时候遇到一些问题而调不进来。第二，我也怕如果调入遇到麻烦，自己的工作方向该如何选择。

于园长得知这件事后主动地找到我，对我说，文婧，不要怕，要相信自己，相信我们大家，有的时候遇到问题早发现也未尝不是一件好事。趁着现在还能把资料补齐，比以后才知道要好得多，你先去把相关资料补全，我们等你办完后一起办理入职手续，别着急。于是，我马上回到原单位找相关人员补齐了资料，顺利地入了职。后来，偶然的一天，我在楼道里遇到于园长，我说："于园长多谢您，我也很庆幸，当初我调入时，发现了档案中的一些小问题，及时的完善，现在顺利地调入幼儿园了。"于园长说："其实有的时候你认为的坏事情未必不是一件好的事情，欢迎你加入劲松一幼的大家庭，加油！"

---

① ［美］内尔·诺丁斯．学会关心——教育的另一种模式［M］．于天龙译．北京：教育科学出版社，2003.

当时我在想，于园长对我真好，在我困惑的时候，给我指明了一条道路，也让我看问题的角度更宽阔了，有的时候发现问题不可怕，越早的发现越能让我们更好地弥补，其实这也是一件好事。同时我也在想，劲松一幼、于园长对我这么好，我没有理由不努力工作，回报大家对我的爱。

（北京市朝阳区劲松第一幼儿园　郝文婧）

案例分析

解决问题是园长处理公共关系的基本方式。在本案例中，幼儿教师有思想上的困惑，幼儿园本身的发展也有自己的问题，在问题到来的时候，作为园长能够沉着稳定，相信"天无绝人之路，船到桥头自然直"，在这样的心境下，能够更加从容地找到问题解决的方案，从而获得长久的发展。

那么，如何才能够提高问题解决的能力呢？首先，要有稳定的心态，遇到问题时，不要慌乱，要营造一种稳定安静的气氛，让幼儿园中的教师能够安心地工作。其次，作为幼儿园的园长，要有一种及时归纳和总结问题的意识，从而不断结构化自己所遇到的问题，增强解决问题的经验和智慧，从而让自己获得更好地发展。最后，需要增强一种预警意识，能够做到一定的预防，从而将问题消灭在萌芽阶段。在我们研究的过程中，采访到的园长，有一些园长能够做到未雨绸缪，能够自觉地诊断幼儿园目前的发展阶段中面临的主要问题，做到早做准备，从而获得更好地发展。

案例11　帖子讨论丰富我心

记得有一次，园长给管理干部群发了一个帖子，说的是有关团队自我定位法则。帖子的内容大致是这样的：这事我负责＝领导者；这事我搞定＝顶梁柱；这事我来做＝领导左右手；这事我不会＝最基层员工；这事找谁啊＝团队白痴；这事不怪我＝团队垃圾；这事没人教我＝团队的拖累；这事为什么我来做＝团队寄生虫。

园长说："希望大家结合批判性思维谈一谈这些观点。"

记得当时我是这么回答的："看到这个内容我想到了以下几点，首先，我想到一个教师对自身职业的认同，以及对本职工作的担当。无论身处什么职位，积极的心态以及对工作的责任心都很重要。积极的心态、强烈的责任心让我们面对困难时能积极地解决，负责任的人不应该仅仅是领导，还应该包括团队中的每个成员。其次，这个帖子也告诉我们，无论哪个行业，哪个单位都会存在形形色色的人，而我们作为管理者就是希望借助团队的核心力量、精神、文化去带动大家、带动每一个人，若真的存在职工的'这事我不会'的现象，那也侧面反映出管理工作中存在的一些不足以及有待提升的方面。最后，要正确看待每一个人不同职业时期的成长，一个教师从初任教师到成熟教师再到骨干教师，管理者不仅仅要激发其内驱力，同时也要为其搭建不同的平台，使其尽快地朝着大家期望的方向成长，同时使其本身有一种成长感和收获感。"

看到其他教师给园长的回复，我发现，每个管理干部思考内容及角度都有所不同，在谈感受的过程中都有自己独特的思考，但是唯一不变的对于幼儿园管理团队核心价值的共识。

后来园长说："每个人经历不同，经验不同……让我们拥有了缤纷的世界；一个群体进步需要共同价值观，共同方向……有方向、有思想、有礼有节、一起努力的群体会让我们享受我们选择的人生。"

对于一段文字，不同的人有不同的看法，正是不同看法的交融，最终促使人与人之间的相互理解。在我和园长的沟通过程中，我开始理解园长的思考维度，也正是由于和园长的交流，丰富了我的思想和人生。

（北京市朝阳区劲松第一幼儿园　郝文婧）

案例分析

园长的领导从某种意义上讲，是一种智力领导，也就是说，园长要在思想上引领幼儿教师朝着百花齐放，但又殊途同归的方向发展。心理学的研究表明，每一个人因为家庭背景、社会阅历、教育经历、知识结构等方面的不同，当面对同样的言语、事件时会产生不同的观点和看法。这些不同看法是幼儿园管理中的一个资源。通过不同思想的交汇，每一个人的思想观念得到了最大限度的丰富，最终丰富了幼儿园教师的精神世界。本案例中的园长以批判性思考作为突破点，引导管理干部群体进行思考，从而引发了这种教育资源的产生和交流，有利于幼儿园的极大发展。

案例 12　沟通的重要性——听执行园长的

　　入职劲松第第一幼儿园儿园的第二年，我担任劲松园区的执行园长助理，当时劲松园区也面临着二新的调换，保教主任是新调入的教师，我也是新有的岗位。记得聘任的当天，于园长问我："文婧，对于你的这份新的工作，你是怎么思考的？"当时我仅凭着对工作的热忱，信誓旦旦地说："我打算带领教师们从基础做起，从业务入手，提升教师们的基本功。"于园长语重心长地对我说："做哪些活动，沟通最重要，你和保教主任都是新上任的，在开展工作之前首先要和执行园长沟通，不能自己做决定，要和大家一起商量。肖老师毕竟在这个岗位上干了 3 年，在处理问题上也积累了很多的经验，我的建议是：你和保教主任都听肖老师的。"

　　我恍然大悟，是呀，无论开展哪些工作，沟通和共识是我们开展工作的前提，只有这样大家才能有同一个方向，教师们的思路才能更清晰。

（北京市朝阳区劲松第一幼儿园　郝文婧）

案例分析

　　教育在本质上是建构和践行一种健康的人际关系。在学校教育中最重要的就是发展同像之间的关系。作为一个新教师和具有经验的教师沟通是新教师成长的一个重要渠道。与有经验教师沟通的道理很多教师都知道，但究竟应该如何沟通，是很多教师非常困惑的事情。在本案例中，新任的教师在园长的指导下认识到与有经验的管理者沟通的重要性，这样就能够慢慢地将园长一人行政性、权威性的领导，转变为分布的教师领导，从而能够让教师意识到沟通的重要性，通过角色的承担，从而能够获得更大的发展。

　　在幼儿园，甚至是学校工作中，一个教师与自己直接工作的同事之间的沟通是最为重要的沟通。因为职责的临近性，指导者更容易明确教师的困难，并提供积极有效的特色，从而让新教师获得更好地发展。让新教师与自己直接的同事或领导沟通，不是园长领导力和公共关系处理能力弱的表现，反而是他们工作能力强的一种标志。

案例 13　课本剧邀请函事件

事情概况：

早上来到办公室，发现在张伟利老师的桌子上放置着一大沓邀请函和一张节目单，简单地看了几眼后，知道是劲松第一小学的戏剧表演邀请函。

我想等张老师巡班回来，具体问问是什么情况。

这时，张旗老师来到办公室问我："张老师在吗？他说有劲松第一小学的邀请函要给我。"

我说："张老师应该正在巡班，你看是不是他桌上的邀请函。"张旗老师拿来桌上的邀请函说："对，就是这个。"张旗老师看完邀请函后问："东城区文化宫在哪啊？"我说："咱们上网查一下吧。"经过查询，劲松第一小学组织的活动场地在保利剧院北边。

正在我们查询地址的时候，张伟利老师巡班回来了。张老师问我："劲松第一小学给咱们一些去看他们表演的邀请函，你看一下，咱们让一位老师跟着去吧！咱们不是正在做幼小衔接，也可以让孩子去体验一下。"

我说："您跟芦老师说了吗？"

张老师表示没有，然后，转身去芦老师办公室了。

反思：

当知道此事时，我首先认为是从园里下发的活动，但得知连芦老师也不知此事时，我想，首先要一级一级地上报此事，因为此事是两所学校之间的活动。再有，张老师说到想让班级教师也跟着去，我首先想到的就是，班级稳定问题：班级中不去的孩子怎么安排，班级安全问题怎么能够做到更好。但同时，我也觉得张老师作为教科研主任首位想到的就是班级的主题需要，这是我所欠缺的。

事情概况：

再后来，我和张老师一起来寻问芦老师解决的办法。我也想让师傅指导我一下怎样去处理这样的事情。而后，在和于园长做过沟通后，心里大概有了对此事的解决方向。

在和芦老师沟通中，芦老师首先肯定了张老师这么热心地去做这些事情。但同时，也提出了：如果邀请函是从老师手中发给家长的，有的家长就会认为，这是幼儿园组织的活动，而且还是周五工作时间。不知道劲松第一小学给咱们这些邀请函的目的是什么，如果是为了生源，可以让小学的教师在幼儿园门口发这些邀请函，这样就不会让家长有机会认为这是幼儿园的行为了，在责任上也能说清了，那同时也要让家长签一份类似于"我自愿参加这次活动"的协议书。芦老师在表述自己的看法时，也问张老师，你看呢。同时，芦老师也对我说："郝老师，你是这边的执行园长，你也可以说一下自己的看法。"我就说了自己的看法："我也觉得张老师能够时刻想着班级中主题开展需要，特别好。但是，组织孩子外出活动，需要提前写预案，同时要得到上级的批准。还有，就是我考虑到不去的孩子怎么办，觉得教师的本职工作要先做好，才能组织这种活动。"在说自己的看法时，我明白了芦老师是在有意识地培养我解决问题的能力。听了芦老师这样说，我明白，这些事情我是不应该作为旁观者，等着芦老师和张老师去解决的，我自己也应该有对事情的理解和把握。

同时，芦老师对于幼小衔接的尺度也给予了建议，她肯定了积极开展幼小衔接工作，是很好的。但是，我们是幼儿园，我们在走进小学时，可以通过很多方式，例如：参观小学，让孩子对小学的环境有所了解；看小学生上课，甚至坐在小学生身边10分钟，体会做小学生的感觉；也可以请小学教师、小学生来园和孩子一起游戏、上课等。但是，这次是要去"东城文化宫"，而且，只是看一场演出，对于孩子初步认识小学生活，帮助有多少，都是我们应该事先考虑周全的。

听完芦老师的指导，我们回到办公室。我试探着和张老师进行沟通。我说："张老师，您真是挺关注咱们园的园本课程的，也为这件事做了很多的工作。但是，这次因为时间实在是太紧张了。今天给您的邀请函，明天就让咱去，咱们从外出流程方面的确来不及。要不然，您或是我给那边的教师打个电话，问清他们给咱们邀请函的目的是什么？要是为了生源，可以请他们的教师来咱们幼儿园门口发一下邀请函。若只是为了沟通，咱们就可以暂时别发这个邀请函了。"

张老师听后说："算了吧。邀请函就不发了。"

我说："那张旗他们已经拿走的邀请函，是我去说一下，还是您去说一下。"

张老师当时没说什么，我就说："那我去跟其他班里的教师说一下吧。"

和班级教师沟通情况：

当时因为两个大班正在合练合唱曲目，我就将两个班长叫到一旁和她们沟通这件事情。

我说:"两位老师,今天发给大家的劲松第一小学的邀请函,由于时间太急,咱们没有办法做集体外出的安全预案,这次活动就暂时别向家长宣传了。"

教师:"挺好的。我们正好有时间多练练合唱。"

我说:"张老师为咱们大班的幼小衔接工作做了很多,看到张老师,也要跟他说一声,挺感谢他的。"

教师:"是,张老师特别热心。"

我说:"这次,也给我们提了一个醒。以后咱们班级要组织大型的外出活动,尤其是利用工作日外出的时候,一定要提前写安全预案,因为咱们的安全预案不仅要通过园内的园务会,还要上报教委,通过了才可以执行。"

教师:"嗯,知道了。"

我说:"其实以前我带班时,要有什么参观活动,一般都让家委会牵头,而且利用休息日,家长能够自愿参加,教师也是自愿参加的。这样就避免了好多关于安全、费用等问题。"

教师:"嗯。挺好的。"

反思:

在和教师的沟通过程中,我发现这次活动。教师们也是刚刚知道。如果,贸然大幅度地调整教师们安排好的工作流程,也会对教师的工作产生压力。班长们还是愿意踏踏实实地在园做好本职工作,对于大型的外出活动,在安全方面他们也是比较担心的。同时,也感到比较仓促。这次,从我们这边暂停了此次活动,教师也是比较愿意的。

考虑到每次会议中,大家都会对本周工作做整体的规划,基本能够按照计划去执行。我们在日常也经常会有临时的变动,如个别教师外出学习,临时园内开会等情况,这些或多或少的都会对教师的工作产生影响,所以,我以后在安排工作时,一是要将各种事情尤其是大事,事先考虑周全,并与领导沟通后,与班长们沟通,做好沟通桥梁和统筹工作。二是提高自我和教师的应变能力,遇事怎样协调,何如沟通等。

反思我的工作:

第一,作为执行园长对于本部教师及幼儿的活动是有管理权限的,张老师作为教科研主任,他的教研内容也应该是事先和我做沟通,我们一同根据幼儿园的整体工作安排,来组织各项活动。

第二，教科研方面是我的一大弱项，有张老师在，我在心理上就有了一些依赖，觉得教科研、主题指导，我作为辅助参与就行了。但是，通过这件事，我觉得，越是这样，不仅对自己的成长会造成懈怠，而且对于张老师的工作也会有影响。我应该正视自己的不足，多看、多想、多请教，弥补自己的不足而不是依赖别人。

第三，通过这件事，首先让我对自己的工作职责有了一次更清楚地了解。虽然是新上任、年纪轻，但是我做的是"执行园长"的工作，所以必须有能力承担起应该承担的责任。我不能越权裁决一些事情，但同时也要勇于承担我责任范围之内的事情。今天发生这样的事情，是我不太明确自己的工作与张老师工作内容相融合的比例，以及各自的工作职责内容不清晰。根据这些不足，我要多和康老师学习，多向于园长、芦老师请教，再有就是对于工作既要细心，更需要热情，不能有依赖的心理。

因为，我不能因为自己而让这个管理团队增加负担。我的加入应该是"新鲜血液"，而不是累赘。

（北京市朝阳区翠成幼儿园　肖微）

案例分析

擅自做主、理所当然的情况在学校具体的工作中是常见的，出现这种情况，就会出现整个学校系统的混乱，扰乱学校的日常安排。再加上幼儿所处的年龄阶段，在开展活动的过程中容易受到伤害，从而给幼儿园的工作带来不必要的麻烦。如果这样的工作真正要开展，幼儿园中的教师与园长，以及其他中层领导之间的沟通就显得非常重要。

幼儿园中教师的任何一个行为都可能会对幼儿园整个系统产生影响，这就是幼儿园中的"蝴蝶效应"，因此教师在做出决定的过程中要有全局意识，并且要与相关的幼儿园领导进行沟通。与此同时，园长要能够与其工作人员及时和坦诚地沟通，从而化解危机并且预防今后发生类似的行为，从而维护幼儿园的声誉，促进幼儿的健康成长。

案例14　在"打击"中成长

新的学期开始了，作为刚上任一年的园区执行园长，我觉得新的挑战又开始了，为了不辜负园领导的期望和教师们的信任，我决心要在新的一年中用优秀的工作来回报大家对我的认可。可是，在开学初的第一次班长会后，我就遭遇到了一次打击，体会到了不经历风雨，怎么能见到彩虹。

班长会上，我向各位班长介绍了我的学期计划，以及在人员安排上的调整情况。其中包括为了增强幼儿体能锻炼，提高幼儿园孩子的做操水平，解决体能测试游戏的相关问题，同时结合今年要做幼儿体育节的活动，应该增加一个体育特色小组。在考虑人选时，我首先想到的就是我们幼儿园唯一的男教师王老师。作为男教师，他一直没有找好自己的教育特色，男教师的优势没有体现出来，为了督促他尽快成长，我决定让王老师来担任体育特色小组的组长。在班长会中，各位班长没有人提出异议。然而，事后不久就有一位教师找到了我，说是有些事要和我说一说。

前来找我的是郑老师，她和王老师是同一年参加的工作，也是位喜欢体育活动的教师。看她找我时，表情很严肃，我就和她来到办公室，让她坐下来和我说。她首先说："肖老师，咱们是成立了一个体育特色小组吧，是王老师当小组长吗？"我说："是的。你有什么其他想法吗？"她说："我觉得，您就这样决定让王老师做小组长，对于我来说，我有些不服。因为，您也知道，我和他一起策划过两次活动。每次策划活动，他都是先问我有什么想法，等我把策划书写出来后，他说要看看。我也问过他，'你写策划书了吗？'他说，'哦，没写。我就是想了想。'然后就把我的策划书拷走了，然后在我的基础上修改了一些，就当他的策划书了。我觉得让这样不负责的老师做小组长，我不太服气。"

听到她这么说，我心里立刻紧张起来。同时，在她表述事情的时候，我也回想以前发生在他们身上的事情，也是如同郑老师所说，王老师在策划活动方面是没有郑老师积极，但是在体育方面他还是比较好的。例如，组织孩子们踢球，玩各种体育游戏，还是挺不错的。只是，再让他做教师间沟通，组织活动时就不能很快地落实。不过，在刚刚开完班长会没有任何意见后，就听到郑老师这样说，的确出乎我的意料。我没有想到，我为教师发展考虑的事情，这么快就遭到了别人的质疑，而且，对方说的还都是事实。当时，真是一个头两个大，开始怀疑自己的决定是否真的像郑老师说的那样，我应不应该让王老师做体育特色小组长呢？

为了稳定她的情绪，也让我能够理清自己的思绪，我对她说：

"首先，特别高兴看到你能够来找我反映你的真实想法。你能够这么自信地来找我谈话，说明你之前一定想好了理由，而且也非常的自信。你能这么积极的反映这件事情，说明你是一个正在努力提高自己的教师，也想有机会展示自己。但我也要说一下，我们的考虑和决定。"

"我作为幼儿园的执行园长，有义务也有责任培养我们的教师，我们的教师是一个完整的团队，每个教师都积极地进步才是幼儿园的进步。如果有教师掉队了，就是我们培养上的失误。王老师作为咱们幼儿园唯一的男教师，他的教学特色一直都没有凸显出来，作为一个管理者，我也有部分的责任。所以，想用'特色小组长'来督促他主动工作，提高他在体育方面的能力。当然，每个'特色小组长'也都有考核期，如果像你所反映的这种情况，他在工作中没有很好地改进的话，我也会免除他'特色小组长'的头衔。还有，我知道郑老师你也是喜欢体育活动的老师，在组织活动时很积极，今年下半学期咱们幼儿园会开展一个大型的体育类活动，也是结合咱们的园所'太阳花文化'主题而开展的，到时会需要各班创编器械操和各种游戏项目，结合你的特长，我觉得这是一个不错的展示自己和提高自己组织能力的机会，你可以考虑承担这次大型活动中劲松园区的各班活动的组织者。"

郑老师听了我的解释和对她的认可后，心情渐渐地平和下来，并说愿意承担这次太阳花体育节的劲松部组织者。

通过这次事情，作为刚刚任职在管理岗位的我，对如何管理教师队伍有了新的思考。之所以出现这次事情，是因为我没有按照正常的人员委派管理制度来开展工作，而是将我个人认为对的事情直接去做了。事后在和有经验的管理教师沟通时，他们给我的建议是：重新学习幼儿园的各项制度，清晰各项工作的流程，明确自己的工作职责和范围。作为管理者首先我们是团队中的一员，做任何决定前要先站在幼儿园整体的工作上去考虑，而不是只考虑某个教师的需要，或是某一类教师的需要，同时，要借助大家的资源来完善自己在管理经验上的不足。由于初入管理岗位不久，对每位教师的了解并不全面，所以要多和有经验的教师进行沟通，了解全面以后再做决定，这样就会避免出现"独裁"的情况发生。

一次"特色小组长"委任的风波，让我认识到了只有真正了解教师，理解教师才能成为让人感觉亲切的管理者；只有公平处事，诚信待人才是让人信任的管理者；只有工作能力强，管理经验丰富才能成为高效的管理者……要想成为成功的管理者，就要不断地学习，不断地深入教师队伍、班级管理、家长工作中，才能真正了解教师们、孩子们、家长们的需求，真心实意地为大家服务。

我作为年轻的管理者，就是在这样的一次一次"打击"中清楚自己的不足，只有在不断地调整和完善自己的管理方法时，才能不断地进步。说这次是一次"打击"，其实我觉得这次更是我成长的机会。用积极的心态去面对挑战，用理解态度去处理问题，才能让困难成为成功的基石。

（北京市朝阳区翠成幼儿园　肖微）

案例分析

在本案例中，幼儿园的执行园长用接受—解释—方案三个步骤化解了在自己管理过程中与教师之间的紧张关系。执行园长在做出决定时有自己的逻辑，处于"培养唯一一名男教师"的想法，所以自行决定让这名男教师作为体育特色小组的组长，从而忽略了其他人的想法。但当这个想法宣布后，另一名教师认为自己也有能力担任此项工作，并且给出了充分的理由，这让新任的执行园长处于非常尴尬的局面。在处理这个问题时，执行园长首先接受和肯定了第二位老师的做法，承认她非常积极，主动提出承担学校的工作。其次，给出自己做出这个决定的解释，并且解释得非常合理。最后，给出了补救性的方案，即如果第一位教师没有做好工作，然后再让第二位教师担任这项工作。从而让本身处于紧张状态的关系慢慢变得舒缓，进而逐步化解，最终促进幼儿园的健康发展。

在现实中，园长面临的公共关系的危机是多种多样的。但我们通过园长处理公共关系的案例可以发现，园长坚持了非常一致性的理念。他们首先接受了现实的情况，安抚当事人的情绪，然后做出解释，获取谅解，最后提出了建设性的方案。需要指出的是，在这个案例中，我们更要意识到建章立制在幼儿园管理中的重要作用，让每一个教师能够明确自我的职责和活动的边界，从而让每一个教师都能够更好地成长。

案例15　真诚沟通，共促新教师发展

丽景幼儿园是个建园不到四年充满朝气的幼儿园，在全体教职工的共同努力下，幼儿和教师的活动丰富多彩，幼儿园保教质量不断提升。经过几次不同规模的沟通会，全体教职工决心争创北京市示范幼儿园。我们知道自己和示范园差距还很大，所以现阶段面临很大的压力，我们争取每一次练兵、展示、交流的机会，力争通过一次次的活动使幼儿园创建特色，达到示范园的标准。

2016年4月，在我们幼儿园，开展了保教主任教研组现场观摩教研的活动。我作为本次活动的展示者，在活动前期做了充分的准备，还邀请特级教师芦老师深入园所，对保教主任进班指导工作进行了细致的指导。现场活动中，我组织本园十二位新教师开展了对冯老师的科学活动的研讨，为了调动新教师的积极性，使其充满自信地发言，特别设计了"小小纸条能量大"的游戏；在全区保教主任研讨环节，我还特别注意倾听大家的评价，教研室主任许老师对我组织的活动给予了充分肯定，尤其是对于保教主任尊重新教师的发展，能够在个体差异的基础上进行有效的指导给予了赞扬。

但是坐在第一排的园长，则始终眉头紧锁，不时露出思考的凝重表情。当我每一次与她目光相接的时候，给予我的都是这样的反馈。我心里不由得打起鼓来：是不是刚才的环节出了问题？是不是哪一句话我说的不到位？还是我没有关注到什么……我再用眼睛瞄向许主任，她则面带微笑地朝我点头，使我悬着的心逐渐平静下来。

当活动结束，专家和参与教研的教师们都离开幼儿园以后，我急忙找到园长，想听取她的反馈。活动的亮点、发言的逻辑性都得到了她的肯定，我们也对活动中提出的，保教主任指导新教师有待提升专业能力的问题上达成了共识。最后，我用一张活动场景的照片，打开了不好意思开口的话题。园长恍然大悟似地问我："我一直都是这样的表情吗？"我解释说："因为我了解你，我知道你是在对每一个环节进行思考，但是，我还是心中充满了忐忑。"园长若有所思地说："如果你都有这种感觉，那么我面对咱们教师的时候是不是也是这样的表情？我传递的会不会是很低沉的情绪？对于咱们大多数的新教师而言，我是不是打击了大家的自信？最近我是感觉压力很大，所以从表情中带了出来，看来我要注意了！"

是啊，在我们要创建市级示范园的努力中，我们更重视的是什么？不是过程中教师的成长吗？不是在反复对照标准调整的过程中，幼儿园的成长吗？那么，我们为什么又往往去刻意地重视结果呢？与园长的沟通，使我也反思自己作为管理者自身魅力和专业性的不足，使我们共同明确了一个目标：通过正能量的传递、积极的肯定和正面强化、问题研讨式的进班指导等，帮助每一位教师提升专业能力，建立自信，尊重每一位教师的发展，从而提升保教质量，最终达到示范园的标准。

每一个幸福的场景，其形成过程也应是幸福的，我们要创建一所有温度的幼儿园，让每一位教师、孩子和家长都充满归属感，那么，我们之间就需要真诚的沟通和正能量的传递。

（北京市朝阳区丽景幼儿园 蔡英华）

案例分析

园长的表情影响幼儿园教师的情绪。园长是一个幼儿园的管理者，但这不是其全部的角色。一个管理者同时也是一个父亲或母亲，同事或下属，社会中多重角色容易使园长处于一个高压的状态之下，并通过其表情反映出来，甚至会传染到其他的工作中。

在现在的幼儿园管理中，行政性管理的痕迹还比较浓重。园长的表情甚至可以作为幼儿园教师表现的一张晴雨表。透过园长的表情，我们便可以发现园长对幼儿教师工作的评价。从这个意义上讲，园长思维中的分布式管理，表情中的温暖在幼儿园的管理中也是非常重要的。

然而实际上，在该案例中园长的表情并不是针对幼儿教师的表现的。在幼儿园这个场域中，困惑是容易产生的，因此需要幼儿园园长与教师之间及时的解释与沟通，这样才能够更好地促进幼儿教师的发展。

案例 16　教师不愿参赛的背后

4月份，县里举行"语言领域的优质课评比活动"，我赶紧通知业务副园长号召大家参加，并以通知的形式把评比活动的具体事项告知了每一位教师，并号召教师积极报名参加。马上就到报名截止日期了，可园里没有一个教师报名。于是我和业务副园长赶紧着手调查教师们不愿参赛的原因，有些教师认为，这样的比赛，应该由年轻的教师参加；有些教师认为，参加优质课评比很费时间、精力，还是干好自己的本职工作算了；有些教师说，自己的确想要参加比赛，但是又担心能力不够；也有一部分教师是因为从众心理在作怪，看到大家都不参加，认为自己也没必要"出风头"。

得知上述原因后，我们对自己的管理工作做了反思，认真总结了自己的问题。首先，自己没有从根本上认识到各种教学竞赛的重要性及其与日常教学的关系，因而使一些教师产生了"干好自己的本职工作就可以"的想法。其次，未能采取相应的激励措施，这种行动上的滞后正是认识不足带来的直接后果。最后，我们幼儿园的工资与教师的工作成效挂钩不紧密，之前从私立幼儿园合并过来的教师和镇政府签订的都是定额工资，之后应聘过来的教师也是定额工资，只有我们三名在编教师为了评职称，愿意积极参加市、县里的各类评比活动。

找到了问题的症结，也为了能改变这样的局面，我专门召开了教师会议，与教师们共同讨论各种竞赛对本园日常工作的作用，使教师们从根本上改变了观念。同时，着手制定了有针对性的激励措施，例如，将参加各种比赛与评奖评优挂钩；给参加竞赛的教师一定的物质奖励；给愿意参加但又怕参加的教师找有经验的老师辅导，等等。由于制度从制定到出台需要一定的时间，为了这次能参加评比活动，我和业务副园长商量，先同愿意参加但又怕参加的年轻教师一起出谋划策，发挥集体的智慧，通过共同备课、试教、反思、调整，把优秀的活动推荐到县里比赛。此后，我们又制定一些奖励措施，在镇政府的批准下，又设立了学期考核奖，把教师的教学成效与考核挂钩，鼓励民办教师也积极参加职称评定，并在工资组成部分中增加职称等级奖励等。教师们在奖励制度的激励下，参加各种比赛的热情提高了，有好几名教师还在区里、市里得了奖，园里的教研氛围也更加浓厚了，教学水平也在不断提高了。

（案例选自：张松茂，《新时期幼儿园创新管理》，pp.9～10）

案例分析

园长的教育观念和管理观念对幼儿园的办园宗旨、园风、教师的教育观念、日常的保教工作甚至园所各个方面的工作都具有深远的影响。上述案例可以说将这种影响清楚地显现了出来。园长和业务副园长虽号召教师们参赛，但最初在他们的意识中都未能将参赛与日常保教工作联系起来，更没有将其作为促进日常工作的有利手段。另外，幼儿园缺乏激励教师参赛的各种措施，也难怪教师会有"干好本职工作就可以"的想法。在转变原来的观念后，管理措施的快速到位也非常重要，如专门的教师会议和奖励机制让教师们的观念与行动也逐渐发生了变化。这样的变化不仅对本次比赛有直接的影响，还能进一步鼓励教师积极上进、不断完善自己，最终会使整个幼儿园的园风得到改善。所以说，要办好一所幼儿园，固然需要全体教职工的共同努力，但更需要园所管理者不断地完善自己，完善幼儿园的各项制度，这样才能不断推进整个园所工作的开展。

案例 17　一次主持园务会前的沟通

幼儿园每周一的园务会由管理干部轮流主持。记得有一次，园务会轮到我主持，为了主持好这次园务会，我提前寻找了很多管理理论和管理案例，自信满满地找到园长沟通园务会的内容。

园长明白了我的来意后，便问我："对于此次理论中心组的学习，说说你的计划。"当我说明计划后，园长首先肯定了我准备工作做得十分充足，也认真思考了计划主持园务会的事情。同时，她也抛出了一个问题："你认为最近幼儿园管理上存在哪些问题需要我们共同解决？"我脑子飞快地旋转，突然间意识到，园务会中的学习内容不仅仅是一些案例分享，同时要为幼儿园管理以及团队发展服务，要和我们近期管理中遇到的问题结合。

在和园长的沟通之后，我从近期管理中出现的问题出发、从全局的观点入手，重新设计园务会的理论中心组的学习。通过各部门的配合，我们的工作更加有序了。

通过这次和园长在主持园务前的沟通，园长帮助刚刚走上管理岗位的我从本部门的管理中跳出来，站在全局的角度发现问题，学习新的思维方式，运用团队的力量，共同解决管理中出现的问题。

（北京市朝阳区劲松第一幼儿园　郝文婧）

案例分析

在园长公共关系的实践中，转换幼儿教师的思维角度，提升幼儿教师思维高度是非常重要的。应该说，每一个人思维方式与其工作职责和角色都具有非常紧密的关系。在本案例中，园长通过两种方式改善了幼儿教师的思维角度，提升了幼儿教师思维高度。一方面，园长通过分布式领导的方式，让幼儿教师担任一定的行政管理工作，从而提升幼儿园教师的思维视角；另一方面，园长在发现幼儿园教师考虑问题时以"自我为中心"的思维方式后，并没有进行批评，而是积极引导，从而促进幼儿教师思维方式的转换，最终促进了幼儿教师的成长。

第三节　园长与幼儿关系的管理

"一位好园长就是一所好幼儿园。"幼儿园对幼儿所实现的主要教育价值就在于培养其社会化功能，而社会化功能的核心体现为人际关系。在幼儿园里，除了幼儿之间的同伴影响之外，教师和幼儿之间的关系是最典型和最重要的人际关系。而园长是幼儿园管理的灵魂，其人格魅力始终会影响团队的工作状态和投入热情的程度。幼儿园师幼关系的质量如何，园长和幼儿之间的关系就是一个风向标。园长与幼儿的关系是园长公共关系中容易被忽略的部分，因为一般人会认为教师是幼儿的主要管理者，园长的行政性事务较多，和幼儿的直接接触较少。实际上，园长与幼儿的良好关系，更能够说明园长对于幼儿的关心，从而更有利于家长了解幼儿园的发展现状，更有利于幼儿的发展。

案例 18　园长办公室的儿童游戏区

招生工作对于一所刚起步的幼儿园来说是非常重要的工作之一，作为一名刚接手这所新园的年轻园长，我常常需要接待一些来访咨询的家长和小朋友们。

日常家长到达大门口时，由门岗通知，然后我会出来迎接，带家长按指定路线进行参观。如果只是家长单独来访的时候，参观及交谈很流畅完整，从教学楼的主体开始，教室、多功能教室、特色教室、保健室。由于幼儿园场地问题，并没有单独设接待室，因此参观的最后一站，一般会把家长邀请到园长办公室详细向家长介绍幼儿园教育教学、卫生保健等工作情况，突出幼儿园优势和特色。

一天上午 10 点左右，迎来了一位妈妈带着大约 3 岁的幼儿来园咨询参观。我们按着设计好的路线参观，温馨而童趣的环境布置一下吸引了幼儿。期间，幼儿表现得很兴奋，满满的新鲜和好奇感，随着脚步的推移，我们来到了园长办公室。

园长办公室里，整洁而且明亮。有办公区域，也有一张舒适的沙发。当我正要和家长开启愉快的交谈时，突然，幼儿跟我距离感一下拉开了，他表现得比较躁动，显然他不想留在办公室，家长只有匆匆留下信息离开了。

我想，如果这个环境中有适合幼儿的位置，会拉近我和幼儿之间的距离，更有利于和幼儿的沟通。如果园长办公室里也有一个小游戏区域，会怎样呢？

于是，我开始调整办公室的布局，专门设置了一个接待幼儿的区域，摆放了小桌椅、小沙发，还有图书和玩具，简单而温馨。

当家长带着幼儿来咨询的时候，幼儿被邀请到专属区域，期间他们玩得很愉快，也非常愿意和我交流，沟通十分顺畅。后来，我的办公室总有刚入园哭哭啼啼的幼儿，从新生报到的第一天起，我就以大朋友的身份和幼儿互动，再后来，也会有幼儿跑到办公室里和我聊天。我会尽可能在最短的时间里记住幼儿的姓名和基本情况，并以个人的亲和力和职业素养赢得幼儿的喜爱。

（北京市东城区大地实验幼儿园　李彩燕）

案例分析

园长是幼儿园品质的重要形象代表，想要了解一所幼儿园师幼关系质量如何，园长和幼儿之间的关系就是一个风向标。尊重和理解孩子并不是一句空口号，而是要通过日常工作中的方方面面来体现的，大方面可以通过办园理念、游戏设计、环境布置等来体现，小方面可以通过日常工作中的每个细节来体现。不管是在什么情况下到访的幼儿，看到园长办公室有自己专属的区域，自然而然就会产生一种被尊重的感觉。让幼儿们在园长办公室占有一席之地，也是向所有人传递了一个信号，即幼儿是应该被尊重的。园长以可敬可亲的妈妈形象走进孩子心中，使得师幼关系变得更和谐融洽、更有质量，也为教师们树立一个直观的榜样。

案例 19　园长妈妈的胳膊是骨折了吗？

今天在班级进行指导工作的时候，中一班的俏俏小朋友对我说："郝老师，园长妈妈的胳膊是骨折了吗？疼不疼呀？"我说："是啊，你怎么知道的？"她说："今天园长妈妈和我们做游戏了，我看见园长妈妈手上带着纱布。"正说着，班里还有几个小朋友也过来了，纷纷问道："园长妈妈的胳膊疼不疼呀？"

当我把小朋友关心园长的话告诉园长时，园长马上来到了班里，感谢了小朋友对自己的关心，并和小朋友开展了一节现场的安全教育活动。小朋友们都很好奇园长妈妈打着石膏的手臂，打算摸一摸，这时，园长主动而小心翼翼地伸出了手臂，满足了孩子们好奇心，同时还不忘记叮嘱小朋友一定要注意安全。

一个园长，在手臂受伤的情况下依旧来到班里和孩子们游戏，孩子们也在游戏中不忘关心园长妈妈的手臂，这一些都源于彼此的爱。

（北京市朝阳区劲松第一幼儿园　郝文婧）

案例分析

班杜拉认为，观察学习是一种重要的学习方式，对于幼儿尤其如此。幼儿好奇心强、感受性强、模仿能力强，因此很容易模仿周围的事物。园长面对幼儿对自己受伤胳膊的关心，没有将其遮蔽起来，而勇敢地展现了出来。这是利用自己的真实案例，和学生进行的交流，这样的交流对学生开展的教育更有效。

与此同时，我们发现园长具有非常敏锐的教育智慧，其抓住学生关心自己手臂的契机，积极地开展了一次现场安全教育。本案例中，园长与学生的这种交流方式是通过教师的眼睛表达出来的，因此不可避免，此种教育方式对教师的教学活动也是一种启发。

第四节　园长与其他工作人员关系的管理

幼儿园的发展，不仅需要教学中的工作人员和管理工作人员，更需要其他工作人员的参与，例如，后勤人员、保健医生、保洁人员等。他们为孩子提供干净的环境，健康的饮食，这也是幼儿发展的关键因素。幼儿园的发展是与全体教职工的积极努力联系在一起的，离开了他们的努力，园长的本事再大也是不行的，所以园长必须善于协调好自己与教职工的关系，做好本职的工作，充分调动教职工的积极性。作为一园之长，园长有和大家共事的经历和感情，幼儿园管理途径又都是直接交往，所以园长不能故作高深、摆官架子。首先，对下属要学会保护，宽容理解，但也不袒护，实事求是。其次，用人不疑，给予适当鼓励和帮助，根据不同性格的教职工用不同的方法。园长信任教职工，无疑是对教职工的极大褒奖和安慰。再次，凡是分配给教职工的工作，应放手让他们去干。对他们的工作成绩要及时给予肯定和表扬；如果他们在工作中遇到困难，也应及时给予鼓劲和帮助，提高他们的信心，维护他们的威信。最后，以宽容的心对待教职工的不满和怨气。园长要注意聆听教职工不满的声音，并持坦诚的态度，实事求是地处理问题，这样才会得到教职工的理解和支持。只要园长与教职工的关系协调得好，工作就能事半功倍，幼儿园的质量、效益就有保证。

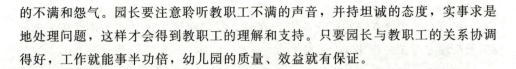

案例 20　偷吃大虾

> 去年六月份的一天中午，某园食堂发生了一起炊事人员集体吃孩子的食物的事故（每人吃了一个大虾），当时园领导没有发现，也没有人反映此事。事隔一个星期后，班长与副班长在工作中发生了口角，副班长说出了此事，他说食堂炊事员吃孩子的东西。听到此事，分管后勤的副主任感到很吃惊：食堂从未发生过这样的事情，幼儿园的规章制度很严，不准任何人以任何理由侵占孩子的利益，怎么会出现这样的事情呢？听到反映后，副主任深入到食堂了解情况。食堂的几位同志承认了此事，副主任又找到了班长，了解具体情况。班长承认东西是她让吃的，各班把分剩下的让大伙尝一尝，并表示自己做得不对。副主任对她进行了严厉的批评，并及时召开食堂班委会，让班长在食堂班委会上做了检查。为了达到教育目的，对所有吃孩子东西的人进行了罚款处理，班长罚得重一点，作为分管食堂后勤工作的副主任虽然未吃，但也有领导责任，自己主动交了罚款，罚款全部记到幼儿伙食账上。
>
> （北京市朝阳区劲松第一幼儿园　于渊莘）

案例分析

每一个工作岗位都存在利益诱惑，一个工作人员的职业道德则体现为能够安分守己，从而抵御来自工作岗位的诱惑。本案例中，炊事人员偷吃大虾，看似平常，但如果长期下去，则会形成不良的影响。

规范幼儿园中教师和员工的工作职责，确保他们能够根据制度来履行自己的工作职责。在本案例中幼儿园领导采用了罚款的方法，这是一个权宜之策，但不是长久之计。我们认为，要实现幼儿园的管理规范，则需要在幼儿园中建章立制，促进幼儿园管理的长效发展。

案例 21　把保安变成维护校园安全的忠诚卫士

> 幼儿园的门卫处，不单单是派出保安员值班就完事，而是要让保安从思想上加强各个环节的安全防范意识，维护幼儿园教学、工作、生活秩序的正常进行。

　　保安每天生活在幼儿园，24 小时值班，对园所进行巡视，工作责任重大。园长处理好与保安的关系，显得尤为重要。

　　有一年盛夏的午后，突然乌云密布，瞬间迎来大暴雨，保安人员为了防止地下室跑水，赶紧取出各种防汛用品放置到相应的防护位置，同时守在地下道的排水口处，随时疏通雨水，保障了地下室的各类财产安全。园长在次日的全园会议上充分表扬了保安人员。

　　有一次园长因为加班，准备离园时已经是晚上 8 点多了，走到门卫处看见保安在值班，就聊了一会儿家常。保安告诉她，他的女儿在老家刚大学毕业，英语专业，希望能成为一名教师。恰巧，园长认识当地的一位外语学校的校长，当即给校长打电话推荐了保安的女儿，获得了一个面试的机会。又过了几天，保安欣喜地告诉园长，他的女儿面试成功，顺利进入那所外语学校当教师了。

　　每当教委安排教师学习防卫系统的时候，园长都坚持让保安跟着一块学习，让保安也有持续的受培训机会。

　　因此，我们幼儿园的保安工作非常踏实认真、也从不计较付出与得失，使园长在建立园所安全工作上多了一个得力助手。

（北京市朝阳区劲松第一幼儿园 · 于渊莘）

案例分析

　　案例中，我们看到这是一位智慧的园长，他巧妙地把保安人员变成一位维护幼儿园安全的忠诚卫士。首先，她倡导全园尊重保安人员，因为他们也是园所的工作人员之一，更是形象的窗口。当保安人员在工作过程中表现尽责尽职时，园长看在眼里，及时给予肯定和鼓励，增强了他们的荣誉感。其次，园长还能关心保安人员的生活，当了解到他们的意愿时，非常乐意用自己的资源帮助一把，增强了保安人员的归属感。最后，园长还考虑到保安人员工作的专业提升，创造了让他们持续学习的机会，增强了他们的价值感。

案例 22　丰富教职工培训资源，提高工作效能

　　每年的开学季，我们幼儿园都会对教师开展一系列的内训活动。在内部培训开展前，教师会从不同的角度，提出自己的需求。然后，由园长统一整合，

为教师提供一种菜单式培训。例如，十年以上的教师，需要调节情绪。5 至 10 年的教师，为他们提供一些管理幼儿的方法。1 至 5 年的教师比较缺乏经验，我们就为他们提供基本技能训练。对于不同的教师，为他们提供不同的培训方案，从而使培训成效更高。

而后勤工作也是幼儿园工作中非常重要的一块，但我园后勤人员的现状是学历层次普遍不高、年龄偏大，大多后勤人员都认为只要完成自己的事情，尽量不犯错就行，部分后勤人员有自卑心理，他们觉得带班教师才是主力军，作为后勤人员很多事情说不上话，因此对幼儿园或班级的事务不积极。针对这种现状，我们对后勤工作人员展开了一系列的培训。幼儿园后勤工作培训，一方面可以使后勤工作更加完善，另一方面也为后勤人员搭建一个自我成长的平台。于是，我们就邀请劲松职高的餐饮师傅，对于我园的炊事班人员进行培训。这些世界级的大师，他们在烹饪时，标准化，流程化，干干净净，利利索索。炊事班的工作人员经过三天的培训，大开眼界，慢慢体验到自己职位的乐趣和价值，观念也默默地发生了变化。

作为园长，我竭尽全力地为每一类岗位的教职工创建自我成长的平台，也为他们提供多元化的学习途径，帮助他们更好地实现自身的价值，最终实现团队的稳定和工作效能的提升！

（北京市东城区前门幼儿园　邹平）

案例分析

现实生活中，对教师开展培训活动是幼儿园的一项常规工作。但是，开展的质量、效果良莠不齐。有些幼儿园为了培训而培训，教师觉得浪费时间，园所也浪费财力物力，收效甚微。

而本案例中的园长，对于培训的开展，有着独到的做法。园长会对受训学员进行细分，按工作性质细分：前勤和后勤。特别是后勤组更侧重于操作能力的实践，把专业的师傅邀请进园所做示范，更符合岗位需求。同时还按教龄细分：帮助处在不同阶段的教师梳理思路，更好地帮助教师进行良好的职业规划。对于这样针对性较强的培训活动，开展的非常有意义，这让每位教职工都有所收获，更创造了全园持续学习的良好氛围，也为园所打造一支上进的教职工团队！

第四章　园长外部公共关系管理

《幼儿园园长专业标准》中提到，园长要"建立幼儿园对外合作与交流机制，开放办园，形成幼儿园与家庭、社会（社区）及园际间的良性互动"。这说明，幼儿教育的发展需要有一种开放的思想，要充分调动幼儿园外部的家庭、社会等社会中的有效资源，从而保证幼儿园的外部公共关系能够顺畅。

第一节　园长与家长关系的管理

家长是有力的教育资源，接受家长的合理建议和督促，将提高幼儿园的办园质量。从公共关系的角度看，家长是我们的服务对象之一，良好的家园合作能在家长中形成良好的口碑，从而让园所的发展更具生命力。《幼儿园教育指导纲要（试行）》提出："家庭是幼儿园重要的合作伙伴，应本着尊重、平等、合作的原则，争取家长的理解、支持和主动参与，并积极支持、帮助家长提高教育能力。"因此，园长要有了解家长需求的意识，争取家长的配合，实现同步教育的质量。园长的思路决定出路，态度决定高度，谋求发展，资源共享，搭建平台，与家长共赢，最终打造出高质量的品牌幼儿园。同时，家长也是幼儿园发展的重要参与者。幼儿的发展是家长首要关注的部分，幼儿在园中的情绪、饮食、学习、安全等都是他们关注的焦点，再加上幼儿最大的特征就是活泼好动，很容易发生意外，所以幼儿园的公共关系中，与家长的关系最为关键。在幼儿园园长专业标准之外部调试管理中提到，园长要"充分认识家庭是幼儿园重要的合作伙伴，积极争取家长的理解、支持和主动参与，促进家园共育"。

案例23　食谱风波

幼儿们的饮食安全是家长们很关心的一个方面，对幼儿园的食堂规范管理是园长工作的重点之一。园长要确保所有原材料从正规渠道采购，为了让孩子吃到放心肉馅，幼儿园自购绞肉机绞肉；为了防止孩子们的点心含有添加剂，幼儿园自备烤箱，有专业面点师为孩子们做点心；最特别的是，孩子们的食谱，会邀请家长或家委会参与制订。

其中有位幼儿的爷爷，对营养及养生非常感兴趣，常常看相关的书籍和收看同类节目。于是，在制订新一周的幼儿食谱时，我们邀请他加入。然而，在食谱制订后，却有两位妈妈跑到园长室表达了不满。原来她们是抱怨食谱中有10克香肠，认为这是熏制食品，对孩子的健康成长不利。

了解情况后，园长给家长进行了详尽的分析：第一，首先保证香肠的质量问题，园所可以提供购买食品的合格证明。第二，幼儿食谱制订不光要遵守营养充足、平衡膳食、合理带量的原则，还要充分考虑幼儿身心特点的原则，单调的食物容易让幼儿产生厌食或偏食。第三，幼儿园的食谱制订是由园所保健部的营养师把关，不光科学，还受相关的专业部门如卫生局、药监局所监督，同时还欢迎家长的监督。

两位妈妈在听取了园长的耐心解释后，认同了幼儿园食谱制订工作的严谨性和科学性。

（北京市朝阳区劲松第一幼儿园　于渊莘）

案例分析

在事件当中两位妈妈因饮食习惯的不同而对幼儿园食谱产生不认同，而园长的解答体现了专业化及园所的精细化管理，不光能从食品、原材料的采购上严密把控，更在食谱制订上符合幼儿身心发展的需要，更配有高透明度的监督机制，最终赢得了家长的认同。

案例 24　家长给家长的解释更给力

有一年，暑假期间，我们幼儿园出现了手足口病疫情。起初只有一个班发生了2例，该班停课封班隔离2周。在这期间，又陆续接到新的疫情，一共超出了7例，只能全园停课封园。有些孩子是半个月没有来，有些是整个月没有来，所以幼儿园决定当月的保育费按实际出勤天数收取。

有一位小朋友的奶奶，在事前并没有了解清楚幼儿园保育费的特殊调整政策，当她听说，有的班级退半个月的费用，有的班级退一个月的费用，觉得不合理，就提出了投诉。班级教师第一时间跟奶奶沟通，但是奶奶非常抵触，情绪也比较激动，显然不愿意听教师的解释。

奶奶找到了园长，园长了解了情况后，先安抚了她的情绪。然后，召集财务，并迅速开展财务审计工作，同时，邀请家长委员会一起听取了财务审计结果。最后，家长委员会的家长，开始耐心地向奶奶解释情况，面对同样的家长角色，奶奶的抵触情绪大大减少，结果奶奶听明白了。

正是借助于家长委员会的力量，幼儿园的难题才得以化解。

（北京市朝阳区劲松第一幼儿园　于渊莘）

案例分析

本案例中，家长委员会的作用发挥得比较到位。园长面对家长对保育费收取的质疑，首先引入了家长监督机制，让家长委员会成员听取了财务的审计报告，透明化办园，也充分地尊重了家长的知情权。家长委员会是家园沟通交流的桥梁和平台，幼儿园积极支持家长群体成立家委会并保障其运转良好，可以从根本上改进与完善园务工作。另外，家长委员会不仅拥有知情权、评价权、参与决策权和质量监督权等，还担负着维护幼儿园和谐发展的义务、沟通协调和信息传递的义务等。所以，当由家长委员会去为有质疑的家长解释收费说明时，矛盾很快就被化解了。

案例25　当热心与制度相遇

北方入冬以来，雾霾天气越来越频繁。一位家长向我提出了想向园所捐赠一台空气净化器。考虑到家长强烈关注孩子健康的意愿，我接受了这位家长所捐赠的一台美国品牌的空气净化器。事后，我与家长签订了后期维护协议，要求其定期更换滤芯，才可以把该净化器投入到园所使用。一切看来那么的顺理成章，可是在净化器投入使用的第20天就出状况了，净化器所在班级的幼儿集体发热。

园所马上启动应急预案，封班停课，全面排查，最后，我们找到了空气净化器就是事故的源头。我们特别咨询了专业的工程学人员，他们指出，该空气净化器因为其功率不够大，并不足以支持它在近50平方米的教室进行有效的空气净化，加之幼儿人数较多，很容易形成污染源，所以才会出现班级幼儿集体发热的现象。

（北京市朝阳区劲松第一幼儿园　于渊莘）

案例分析

这是一个很典型的家长"好心办坏事"的案例，很多时候，不乏一些热心的家长为园所的发展出谋献策，甚至是出钱出力。面对家长的热情和爱心捐赠，案例中园长只考虑了后期的维护，而忽略了其他安全因素。第一，目前国家对空气净化器尚没有出台统一质量标准，所以在选择空气净化器时对其使用条件要加以斟酌。第二，对于家长爱心捐赠的空气净化器，园长也没有仔细了解清楚正确的使用方法，这些疏忽，带来了安全隐患。所以作为园长，应该要有高度敏感的安全意识和法律意识，否则容易弄巧成拙。

 案例 26　幼儿园暑期要施工了

> 由于管道老化幼儿园要进行管道的维护，整个暑期都要进行水、电、暖等方面的改造，这样暑假期间幼儿将不能来园。
>
> 为了得到家长的支持和认可，在园长的引领下，幼儿园管理团队从施工前就开始和家长沟通此事，如管理团队面向家长委员会展开调研；随机和不同的家长进行园所安全相关问题的交流；邀请部分家长参与施工方案的讨论、策划等。
>
> 在达成共识的基础上，教师与保教部门结合班级幼儿发展实际，向家长提供多元、丰富且易操作的暑期亲子游戏活动方案，保健部门特别提供了暑期幼儿健康指导策略等。
>
> 前期全方位的沟通，制订的暑期巡查方案，保健、保教部门的有针对性指导，使得时期暑期的施工，得到了家长的理解和大力支持。在幼儿园及家长委员会的倡导下，家长委员会组建了一个监察幼儿园施工改造的工程质量及进度的工作小组，负责在幼儿园施工的过程中巡查施工质量、工期进度等内容，参与管理建设幼儿园的工作。
>
> （北京市朝阳区劲松第一幼儿园　郝文婧）

案例分析

未雨绸缪是园长公共关系实践的重要策略。案例中，幼儿园施工是幼儿园发展过程中在所难免的事情，但很容易引起幼儿园和家长之间的不和谐的公共关系。案例中，园长知道幼儿园要施工的事情后，通过中层领导，及时反复地将维修中的相关事宜与幼儿园的利益相关方进行沟通，因此得到了各方的共同认可，这是园长管理智慧和管理策略的一种体现。

在幼儿园公共关系的处理中，主要的处理策略有两种：一种是未雨绸缪型，一种是临时补漏型。前者的特点是能够把握全局，长期考虑，前期需要耗费比较大的人力物力，而一旦做好前期准备，后期工作则会水到渠成。后者则充当了一种临时消防员的功能，这使得幼儿园发展过程中可能会危机四伏，管理者可能会提心吊胆。总体而言，我们提倡前一种处理方式，园长处理公共关系要做到未雨绸缪。

🍃案例 27　好心惹来的麻烦

一所原部属幼儿园，因生源、经营等问题决定转包给另一机构承办。转包事宜由部委主要领导和承办机构在 1999 年 10 月开始商谈，双方签订协议后幼儿园开始改建。承包方投入了 40 余万元进行全面的改造装修，使幼儿园的办园条件发生了巨大的变化，无论是室内的设计还是室外的设施，都采用了当时最好的，例如，塑胶地毯、大型玩具、感统训练室、木地板等。为此，幼儿园曾在春节期间停园近两个月。但自始至终，幼儿园并没有向家长宣布原来的部属幼儿园解散、原来幼儿退园的消息，而是对幼儿园的转制进行了低调处理。至 2000 年 5 月，幼儿园的硬件条件（招聘各类优秀教师和特长教师、引进教育模式等）改造已经基本完成，幼儿园也正式改名为××实验婴幼园，并向家长宣布，原有部属幼儿园已经倒闭，新园将不承担旧园的任何债务和承诺，并按照新的收费标准，原在园幼儿每人每月加收 100 元赞助费，作为享受新设备的补贴；新招收幼儿每年交赞助费和特长教育费 5000 元。为了照顾原有幼儿，将实行"新人新办法，老人老办法"，不向原有幼儿加收 5000 元赞助费。另外，本部属单位新旧幼儿所有新加费用减半，作为对该部委投入的回报。

园方认为自己的做法可以算是仁至义尽，但仍有部分家长有怨言，甚至抵制交费。他们认为幼儿园悄悄地改制，没有征得家长的同意，原来的合同就被该部属单位撕毁，侵犯了他们的利益，而且既然新人新办法，老人老办法，就不应该加收 100 元，为此一些家长上告到上级相关部门。但幼儿园认为没有关门解散是幼儿园和该部委对孩子负责，对家长负责，而且现在幼儿园和原部委只是租用场地的关系，没有任何其他隶属关系，因此没有义务为原部委履行合同，因此坚持了现行的办法。为此，双方僵持了将近一个月，虽然大多数家长陆陆续续交了费，但仍然有几位家长不停地和幼儿园周旋，甚至在幼儿园吵闹，造成了不好的影响。幼儿园承办者认为当初如果彻底停办，勒令所有幼儿回家，就不会有今天的困难局面，认为自己是好心办了坏事，好心惹了麻烦。

（案例选自：张燕、邢利娅，《幼儿园管理案例及评析》，p. 15）

案例分析

转制的低调处理是公共关系发生危机的根源。转制牵涉的主要问题包括幼儿园的收费问题，转制后幼儿园幼儿的费用会增加，自然导致了家长的反对。实际上，家长的抱怨正是在于转制的"低调处理"。转制没有提前告知家长，家长在心理上和情理上没有做好准备，这才导致了家长的反对。

在幼儿园的管理上，园长要确立家长是幼儿园构成部分的一种观念。幼儿的年龄、生理和心理上比较柔弱的特征，导致家长非常关心幼儿园的一举一动。因此幼儿园的变革，作为园长要及时地告知家长，让他们明确幼儿园变革的缘由，对幼儿园的工作能够及时地支持，从而能够更好地维护幼儿园的健康发展。

另外，幼儿园和家长双方主体都有一定的价值观念。如果幼儿园的行为中所体现的价值观念和家长的价值观念不一样，可能会引起家长的反感。同样，如果家长的行为所体现的价值观念和幼儿园中教师、园长等价值观念的不一致，最终也会产生误解和冲突。化解幼儿园和家长双方主体价值观念的不一致，最为重要的就是要做到及时地沟通。

案例28　杨老师"打"孩子

一日，小班丁丁的妈妈怒气冲冲地走进园长办公室，投诉班主任杨老师打丁丁屁股。园长听后心中一惊，园里一直很重视教师的师德建设，之前从未发生过这样的事，且杨老师是骨干教师，工作热情，业务水平过硬，责任心、事业心都很强，这种事情怎么会发生在她的身上呢？虽然园长满腹疑惑，但见家长正在气头上，忙倒了一杯水递到家长手中，请她坐下消消气，并耐心地询问事情的原委。家长面带怒色地对园长说："昨天我接孩子回家，问孩子玩得怎么样，孩子说老师打他屁股了。这孩子从生下来我们家长都舍不得动他一个手指头，你们当老师的怎么能打他呢？！你们幼儿园还是市级示范幼儿园呢，怎么能出现体罚孩子的现象呢？"说着家长激动地站了起来大声说："你们必须给我一个说法！"园长一边安抚家长一边说："丁丁妈妈，首先我真诚地向您表示歉意，是我们的工作不到位给您带来了麻烦，请您相信我们一定会认真对待这件事，也请您给我们一点时间，让我们了解一下具体情况，如果真如孩子所说，我们一定严肃处理，给您一个满意的答复。"送走了家长，园长找到了小班杨老师询问此事。杨老师委屈地说："我没有打人。当时我正和小朋友们扮演妈妈和孩子的角色游戏，有小朋友来向我报告说丁丁打了几个小朋友。想到丁丁平常总爱'出手'，于是我抓住契机以妈妈的身份对他进行了教育，告诉他妈妈不喜欢淘气的宝宝，如果再这样淘气妈妈就要打宝宝屁股了，但并未真的打，只是作势轻拍了两下。"听完杨老师的解释，园长又找到当时在班的保育员和其他幼儿了解情况，但保育员当时不在场，而班上幼儿年龄小表述不清，无法证实杨老师所说的是否属实，同样也无法证实丁丁所说的是否属实。在求证无果的情况下，园长经过分析，推断"打人事件"存在两种可能：一是因为丁丁年龄小，不能正确理解教师的语言和行为，从而引起了家长对杨老师的误会；二是杨老师在客观上的确有打孩子的行为，虽然不一定是主观故意。为了平息事态，消除不良影响，园长本着安抚家长的原则将事情的经过告诉了家长，并带着杨老师一起向家长道歉，同时就孩子的教育方法及家园的沟通交流等细节与家长进行了探讨。事后，园长找来小一班的两位教师和保育员详细分析，与她们探讨新形势下幼儿教育的指导思想和方法，既要选择符合幼儿年龄特点的教育方法，还要提高服务意识和服务能力。园长对三位教师进行了严肃批评，要求她们在今后工作中注意方式方法，多与家长沟通，多倾听家长的想法和意见。为防止类似事情再次发生，园长在园务会上宣布了处理意见：虽然此次事件无法认定事实，但无论何种原因杨老师都有不可推卸的责任，如果杨老师工作责任心再强一点、工作再细致一点、处理再有技巧一点，投诉是完全可以避免的。依据幼儿园奖惩制度规定，杨老师由于工作失职接到家长投诉，要扣发当月效益工资。然而，杨老师对园长公布的处罚决定难以接受，抵触情绪很大。

（案例选自：程凤春，《幼儿园管理的 50 个典型案例》，pp. 183～187）

案例分析

园长是一座桥，连接着家长和教师，园长在处理公共关系过程中，拿捏好两者之间的平衡，从而让双方都能够做到心服口服，是园长、家长和教师之间良好的公共关系的建设的根本。在本案例中，杨老师最终不能够接受园长的处理意见，是因为园长在处理问题时对家长的让步。因此，园长在处理公共关系的过程中，要本着实事求是的态度处理幼儿园的公共关系，做到公正和公允。另外，园长要充分意识到幼儿园教师是幼儿园的组成部分，是幼儿园的内部人士，应当予以保护。但是，我们也强调，这种保护要建立在尊重事实的基础上。

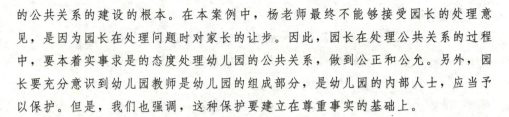

案例29　孩子被陌生人接走了

一天傍晚，一位幼儿家长急匆匆地来到园长办公室找我，说她的孩子吴某被陌生人接走了，不知去向。后经了解，事情原来是这样的：吴某见赵某的爷爷来接赵某，便要求赵某的爷爷带她回去。赵某的爷爷认识吴某的家，便答应了。于是，他在教室门口对教师说了声"老师，我把吴某接走了"，便离开了。当时，正是家长接幼儿的高峰期，教师在忙乱中并未看清接吴某的是谁，只知道是个高个子的爷爷。吴某的妈妈来园未接到孩子，而教师又说不出孩子的去向，因此便气愤地找到园长室。

虽然这件事只是虚惊一场，但却暴露了园所管理工作中存在的问题。为此，我们经过研究，完善了交接幼儿制度。这项制度覆盖幼儿在园一日生活中可能出现的各个交接环节(包括入园、中途接送、教师之间或教师与保育员之间的换班、离园等)，涉及保健医生、带班教师、保育员、值班教师及家长等人员，内容全面、具体。

为使交接幼儿制度不流于形式，落到实处，我们又采取了几条措施：

首先，召开家长会。各班在近期内召开一次以交接幼儿为主要内容的家长会(以后该内容列入开学初的家长会)，向家长宣传我园交接幼儿的制度，争取家长的配合。同时，让每位家长填写调查表(主要是调查可以接幼儿的人员及其与幼儿的关系等内容)，调查表由各班妥善保管，各班要严格按调查表提供的可以接幼儿的人员名单交接幼儿。

其次，幼儿园建立"各班交接幼儿记录表"。每天傍晚，各班总会有少数未被及时接走的幼儿，这些幼儿要由值班教师负责。带班教师必须与值班教师当面交接这部分幼儿，并在上述表上写明这些幼儿的名字，以及可以接幼儿的人员名单。此后，家长每接走一个幼儿，值班教师便在该幼儿的名字后做一个记号。

(北京市朝阳区劲松第一幼儿园　于渊莘)

案例分析

随着社会的发展，幼儿园内肯定会出现一些新情况、新问题，我们必须有防患于未然的意识。如果偶尔出现了预想不到的事情，我们应该认真分析，及时采取措施，做到有漏必堵、防微杜渐。

制度要细，责任要明，措施要可行，这三者缺一不可。否则，有制度而无相应的责任人，就可能出现遇事相互推诿的现象；有制度而无具体的措施，制度就无法落到实处；有措施及相关责任人而无制度，一旦出现意外事件，会无"法"裁决。

总之，幼儿园领导、保教人员和家长，谁都不希望在交接幼儿方面出现差错。因此，只要幼儿园做好宣传工作，家长们就会积极配合的；只要大家密切配合，共同努力，送接幼儿这项工作就一定能做好。

案例30 接二连三的微信风波

一天，一位家长跑到园长室问我："园长，你们的老师是整天要求孩子手背后，不让动对吗？我们家孩子才这么小，老师管教孩子的方法怎么这么不科学呀，是不是一天都让我们孩子手背后啊？"说着就掏出手机，打开班级微信群让我看了一张教师发的照片。照片中的孩子们围成半圈坐着，小手都是藏在背后。我说："这样吧，我们找老师了解一下情况。"于是，我把班主任教师请到办公室，教师看了照片，然后告诉了我们照片背后的故事。原来是教师正在带孩子们做拍手游戏——"小手伸出来，小手藏起来"。正好被配班教师抓到了这照片并随手分享到了群里，然后引起了家长的误会。家长一听，哈哈地笑了，原来自己只看到了事情的表面。

进入冬天，雾霾天气频繁，一位家长对教室并没有安装空气净化器感到不满，于是他在班级的家长群里发了一条带有抱怨的信息，还列举了不少其他幼儿园已经购置了空气净化器，而我们园缺丝毫没有行动的信息。一石激起千层浪，很快很多家长就附和他，还提出了班里家长明早集合一起找园长提意见。群里的教师看见信息后，赶紧向园长汇报了情况。

园长马上联系了这位家长，主动沟通表示愿意聆听他的意见，并且会去做全面的调研，看看如何为园里合理添置空气净化器。园长主动沟通后，此家长表示愿意用缓和的方式来解决问题。

（北京市东城区前门幼儿园　邹平）

案例分析

微信是一个常用的即时沟通工具，它改变着我们的生活方式。但事物往往有两面性，便利的同时微信的使用也存在着危机。通过本案例我们看到，微信群很容易成为家长情绪发泄的渠道，同时可以瞬间大面积地影响其他家长，有时甚至会发酵成大型危机事件。作为园长对于新型工具要了解，更要善用。首先，要使家长树立正确使用班级微信群的意识，要明确班级微信群的作用。家长也要以教育者的身份来参与微信群的沟通，而不是将其作为情绪发泄的渠道。其次，园长要引导教师成为班级微信群的管理者，从而倡导家长利用微信群去宣扬正面力量，要求教师不要随意参与家长的讨论，如果遇到有个性化需求的家长要及时电话沟通或者约谈，把家长的不良情绪、不属实的谣言消灭在襁褓中。

第二节　园长与社区关系的管理

很多幼儿园处在社区中，幼儿园是为了解决社区家庭中的幼儿教育问题而设立的，孩子是连接幼儿园和社区的重要纽带。社区工作是幼儿园教育的重要组成部分，是做好幼儿园教育工作的重要保证。《幼儿园教育指导纲要（试行）》指出，社区是幼儿园重要的合作伙伴，应本着尊重、平等、合作的原则，争取全社会的理解，支持和主动参与，并积极支持，有利于帮助提高教育能力。"幼儿园、社区一体化"不仅是幼儿园的工作指导思想，更是幼儿园工作的重点之一。社区是幼儿园的重要合作伙伴。充分利用社区丰富的教育资源为教育服务，促进幼儿、教师和家长合作、互动，实现幼儿、教师、家长以及社区的共同成长。社区和幼儿园的良好关系，不仅能够为幼儿园的发展提供适当的资源，而且能够为幼儿的发展提供资源。社区和幼儿园的关系不和谐，会对幼儿园日常工作造成干扰，从而不利于幼儿园的健康发展。

案例31　善用社区资源，创园所发展新篇章

我们是一所私立幼儿园，位于城市花园小区的中央，环境优美，绿树环绕，郁郁葱葱，配套设施齐全，唯一的短板就是园所的户外场地偏小，只有门前的一处约50平方米的空地和楼顶的一片阳台，这成了很多家长不选择入园的主要原因。如何淡化这个问题呢？如何利用其他优势来补短呢？园长仔细考察了社区周边发现有丰富的资源，如企业、农贸市场、小学、超市、银行、活动中心等，这些丰富的资源是幼儿教育的天然素材，是幼儿园课程内没有的教育资源。园长想如果把这些社区教育资源转化为幼儿的学习内容、学习材料和学习环境，就能成为促进幼儿认知能力、情感态度发展的优质教育因素。于是，园长主动找到相关社区的负责人，展开了沟通，表达了合作意向。园所借助社区资源开展了丰富的社会实践课程，超市购物、参观银行、到活动中心举办跳蚤市场等，还逐步形式了园本课程特色，探究了幼儿的财商启蒙课程。不少家长看到了丰富的活动、先进的教育理念，因此认同了园所的教育质量，选择了我们的幼儿园。也因此，我园收获了良好的社会效益和经济效益。

（北京市东城区大地实验幼儿园　李彩燕）

案例分析

本案例中园长在面对园所发展的短板时，巧妙地利用了园所身处社区中的丰富资源，把社区资源结合到园所的教育教研活动中，推动了园本课程的发展，园所的软件建设得到了支持。幼儿园与社区教育资源之间的双向互动、双向服务的良性循环，是提升幼儿园自身品质，树立幼儿园良好品牌的有效途径。

案例 32　跨学段联合服务，培养互通型教师

近年，我们幼儿园所在的片区正在实行学区制和联盟校活动。所谓的学区制是在一个区域内，所有中小幼职学校可以共享资源，例如，操场、礼堂、图书馆等场地设施的共用，还有软件资源共享，如教师培训、在职学习等。于是，在接下来的两年中我开始组织幼儿园教师"跨学段的学习旅程"，学习足迹从片区内的教师进修学院开始，然后中、小学和其他幼儿园。

跨学段的学习，更有利于培养"互通型教师"，而互通应该建立在互相了解的基础上，这样就可以化解很多的矛盾，特别是使得幼小衔接工作的开展更加顺畅。我们会带领教师走进小学课堂，也会让小学教师走进幼儿园，相互交流、学习研讨，更好推动幼小无缝衔接。因为教师的成长，先进的理念也会逐步传递给家长。同时，每年我们也会对毕业生开展持续性跟踪，发现科学的幼小衔接，使得我们的毕业生，更好、更快地适应小学生活，也更具后劲。因此，我们幼儿园大班的流失率几乎为零。

（北京市东城区前门幼儿园　邹平）

案例分析

正在实施的跨学科、跨学段的校本教研已经成为新课程改革中一种新的教研模式。案例中的园长对于教育大环境的各种变化非常敏锐，借力政府资源，促教师成长，助园所发展。幼小衔接最重要的是幼儿园和小学在教育上的无缝对接，其关键还在教师。教师成长了，就能更好地做到"以点带面"，最终使家长了解幼儿的成长规律，幼儿能健康快乐地度过过渡期，最终使幼儿园获得良好的口碑和效益。

第三节　园长与姐妹幼儿园关系的管理

"一花独放不是春，万紫千红春满园。"现代幼儿园发展的步伐非常快，园长要善于打破自家办园的局限性，充分借助周边姐妹园的示范力量、辐射作用，增进与幼教同行的学习和交流，以开放型、学习型的心态与姐妹园建立良好的合作关系。姐妹园所之间的交流，对于走进园所的参观者是启发，而就自身而言也是一种鞭策和激励。园长要善用契机，一方面，通过加强姐妹园之间的合作，进一步细化常规管理，扎实开展好每一项保教工作，不断开创教育教学工作新局面。另一方面，幼儿园之间的发展也存在很大的相似性和补充性，例如，公立园、私立园，城区园、郊区园之间存在很大的互补性，相互之间能够不断地学习，并且幼儿园之间因为事业的相似性，很容易产生合作的可能性，因此，园长发展好与姐妹幼儿园之间的关系，有利于幼儿园更好地发展。

 案例 33　借力姐妹园，助教师获得职业成就感

张园长是去年初受聘到某民办幼儿园任执行园长一职，该园所开办了 3 年，一直处于亏损状态，教师队伍基本都是"90 后"的年轻教师，但流动性很大，而且整体的师资力量薄弱。于是，培养一批有归属感、价值感、有专业能力的教师队伍，成为摆在张园长面前的一个重要课题。

张园长马上着手从多方面调研，如问卷调查、各岗位的座谈会、个别访谈等。全面调研后，张园长发现该园教师队伍的士气、职业自豪感偏低，一些教师虽有学习的欲望，但是缺乏引领，因此持续学习的氛围建立不起来。

这时，张园长把眼光放到了外部，通过朋友的引荐，园所与邻区的一所一类示范园建立起姐妹园的关系。她把教师按教龄和特点做了分类，制订了年度的教师培训计划，亲自带队到姐妹园所参观学习，把教师的眼光和思维打开。同时，张园长还邀请姐妹园的园长、教师等到园指导。张园长更联合姐妹园开展多项业务活动，组织教师进行专业技能展示、教学评优等活动。通过不断的改革和培训平台的创建，教师的业务水平得到锻炼。教师们感到自己有所成长、有所学，也体会到了职业自豪感，教师队伍日趋稳定。

（北京市东城区大地实验幼儿园　李彩燕）

案例分析

当今，随着人们对幼儿教育的重视，在市场经济的带动下，出现了越来越多的民办幼儿园，但是民办幼儿园的资源、办学力量参差不齐。作为园长在面对办园条件薄弱的时候，要善于利用外力来帮助提高自身。本案例中，张园长找到了问题根源，教师们没有持续的学习精神，一方面是受到集体缺少学习氛围的影响；另一方面也是学习业务形式的单一。园长为了打破此局面，主动借力姐妹园的教研力量、园风师风来正面引领教师，让教师获得成长、获得发展，最终使教师有了归属感，教师队伍也日趋稳定。

案例 34　姐妹园结对，双赢成长

我们的幼儿园位于乡镇，与城里的幼儿园相比，办园条件比较差，师资力量尤其薄弱，同时，还有很多困扰园所发展的问题：幼儿园管理模式的构建、教研活动的开展、新员工的培训、环境的创设、区角的建立、档案的管理、家长工作的指导等，这些困惑很大程度上限制了幼儿园的发展。

为了促进园所的发展，园长主动寻找外部优质资源的支持，在县教育局的关心和帮助下，我园与城里一所示范园结对成姐妹园，开展结对联盟、同城化区域教研，推动姐妹园之间紧密融合。与此同时，我们还充分利用示范园优质资源，整合两园教职工专业发展的人力资源，交流两园教研工作先进经验。结盟活动开展形式多样，成果十分显著。送教下乡，促进健康发展；引教进城，流淌新的元素；岗位互换，体验不同环境；资源共享，丰富开阔视野；专业大赛，磨炼教师自信；家园活动，家长满意信任。姐妹园结对，最终达到了"全面合作、理念共享、优势互补、资源共享、成果共享、共同提高"的目标。

（北京市东城区大地实验幼儿园　李彩燕）

案例分析

园长善用外部资源，主动需找外部力量的帮助，在县教育局的帮助下，有效借力于姐妹园构建适宜的业务培训途径，为发挥城区幼儿园的辐射、带动作用，提高乡镇幼儿教师教育教学水平，增进城乡之间的交流与学习提供了平台，有效改善了园所自身先天较弱的条件，提高了园所发展的生命力。

第四节　园长与政府关系的管理

政府是教育政策制定和实施监管的重要单位。随着社会的发展和人民需求的日益增长，对于教育的需求也日趋多样化，然而政府承担完全的学前教育公共服务职能至少在现阶段难以实现，因此，幼儿园教育属于非义务教育。虽然学前教育具有基础性和潜在的生产性，但由于我国是发展中国家，目前由国家包办学前教育是不现实的，政府只能承担有限职能。幼儿园教育具有排他性、选择性、竞争性的特点，适宜由政府、市场、社会共同来承担。因此，政府需要调动社会力量共同办学，拓宽融资渠道，给予民办园税收和政策性支持。通过补偿性和干预性等措施保障幼儿普遍入学和公平受教育的机会，是政府在幼儿园教育中责任定位的方向。园长需要要把握好政策发展的动态，与政府保持良好的沟通，为园所发展争取更好的资源和支持。在政策制定和实施的过程中，政府倾向关注那些政策贯彻较好的幼儿园，正因为如此，如果园长能够争取政府的支持，就能够获得幼儿园发展的先天优越条件。

案例 35　"生存条件好"的幼儿园也不踏实

某农村幼儿园，由于所在的县、乡领导重视幼儿教育，所以得到了大量的物质支援。幼儿园免费使用乡里盖好的园所，水、电、煤、暖一律由乡政府支付，退休职工的劳保也由县乡包揽。对此该园长感到既满意又担忧，满意的是自己作为一所农村幼儿园园长却享受了如此待遇，使幼儿园可以毫无顾虑地教育孩子；担忧的是现在幼儿园完全由县乡养起来，自己没有一点造血机能，一旦县乡掐断了补给，幼儿园就无法维持自身的生计。园长的担忧表明他不满足于现有的"等、靠、要"的状态，但问题的关键是能否根据当前的有利条件，采取积极的对策增加幼儿园本身的造血功能。

（案例选自：张燕、邢利娅，《幼儿园管理案例及评析》，p.5）

案例分析

政府的支持是幼儿园发展的一个重要外部条件，获得政府支持能够使幼儿园获得经济、资源等方面的优惠政策。但幼儿园与政府的关系又是微妙的，因为园长担心与政府关系的断裂，会影响幼儿园的发展。这种情况下，幼儿园如果能够做到内涵发展，支持政府的工作同时，促进当地教育的发展，并且进一步获得当地政府的支持，那么就可以形成良性的循环，从而促进幼儿园更好地发展。

第五节　园长与社会机构关系的管理

当今教育具有开放性的特征，教育不仅发生在学校之内，也发生在学校之外，因此，园长做好与社会机构的沟通、合作具有非常重要的意义。

为了给幼儿创设更为开放的学习空间，让幼儿在自主、开放的氛围中，实现全面发展，幼儿园要充分的把握和利用各种教育资源，联合相关的社会机构，让教育跨越幼儿园的围墙。园长要努力挖掘社会中的自然环境、人文环境、物质环境等一切与教育相关的资源，最大限度地加以开发利用，为幼儿健康成长奠定坚实的基础。必须承认，有很多社会机构，也十分关心幼儿教育，所以园长要具有敏锐的洞察力，与这些机构进行合作，获得幼儿园发展的资源。与此同时，有一些社会机构，本身也是幼儿教育的重要场所，例如，科技馆、博物馆、艺术馆、历史馆等，都是可以开拓幼儿眼界、激发幼儿好奇心的重要场所。园长要提升沟通合作能力，以便在捕捉到这些资源的同时获得合作的机会，从而为幼儿的发展，提供优质的保障。

案例 36　与老牛科技馆牵手

幼儿到非正式的场所了解他们感兴趣的事物，这种学习是非常有效的。去年，我们就组织孩子和家长到老牛科技馆去参观。

虽然是亲子活动，但是，园长还是让教师先到科技馆踩点。目的是提前给家长提出具有指导性的参观学习方案。

另一方面，园长还邀请了老牛科技馆的工作人员来到幼儿园与家长进行互动，了解家长感兴趣的区域，家长也向科技馆工作人员提供了信息，例如，在亲子活动中孩子的互动特点和喜欢的形式。

通过充分的准备，孩子们在当天的活动中玩得特别开心，家长在参观中更有效地与幼儿互动，指引性也更强。

这次活动圆满结束后，我们与老牛科技馆有了更深入的合作，共同合力开发了与幼儿相关的科学实践课程，而且内容还在不断更新，最终园所与科技馆都获得可持续的发展。

（北京市朝阳区劲松第一幼儿园　于渊莘）

案例分析

园长要把幼儿园的社会实践课程做得更有教育价值，就要善于运用各种资源。例如，外部的机构、活动中心、科技馆等，更好地让家长感受到园所的专业引领。不光要走出去，也要请进来。园长提前邀请机构的工作人员走进园所与家长见面，交流互动。活动的成功举办，科技馆也收到良好的社会效益，为进一步的合作奠定了坚实的基础。

第六节　园长与股东关系的管理

民办教育是国家教育的重要组成部分，随着办园主体的多元化，私立幼儿园也应运而生。因此，园长必须处理好幼儿园发展与股东的关系。幼儿园的股东作为幼儿园的经济主体，营利性是股东考量的重要部分，但是，作为园长，不仅要考虑幼儿园的营利性，而且还要考虑幼儿园发展中的教育性。

案例 37　价值观的冲突

某私立幼儿园是由个人投资创办的园所，投资人经朋友介绍招聘了一位有近10年民办园所管理经验的陈园长。陈园长办事雷厉风行，也是一位很有教育情怀的人。

虽然聘任了园长，但投资人丝毫不敢松懈，他每天都在园里巡视并参与各项工作管理。陈园长觉得并没有得到投资人足够的信任，其也没有真正放权给他，这样不利于他开展工作。

幼儿园在一次教委举办的园所环境创设评比中获得了二等奖，奖金为3000元。陈园长认为这笔奖金正好用于改善各班已经损耗的区域材料、玩具等，于是，她列出了购置清单提交给投资人，投资人却以节约成本为由，拒绝了陈园长的请求。陈园长心里虽然感到不痛快，但认为投资人拥有决定权，也没再多说什么。

快到暑假了，陈园长觉得，教师们平时工作压力很大，于是提出给入职满一年的教职工带薪休假5天，实行轮休轮岗制。这个提议再次被投资人否决了，理由还是考虑办园成本，教师轮休可以，但不应该带薪。

陈园长认为投资人只看重经济利益，对办教育的意义理解有偏差，也对教师队伍的情感关怀不够，双方的价值观不一致，会影响日后的合作，于是提出了辞职。

（北京市东城区大地实验幼儿园　李彩燕）

案例分析

随着民办教育的发展，我国有很大一部分幼儿园实行董事会管理制度或法人制的管理制度。在实际经营当中，不少投资者本身并不了解行业特点，也没有相关的业务能力，在聘任园长后，投资者依然乱插手，干扰园长的常规工作。这种情况属于投资者用权说话，破坏了幼儿园正常的规矩，属于最常见的一种管理问题。但是，董事会又是帮助幼儿园多方筹措办学资金的重要后盾。因此，对于民办幼儿园的园长来说只有与股东、董事会等相关人员做好良好的沟通、协作，才能有利与幼儿园的长远发展。

本案例中，一方面，园长并没有与投资人做好权责分工的沟通，因此没有争取到信任和放权，也给日后的工作开展带来了难度。另一方面，目前我国学前民办教育体制是以生养师，因此，投资人难免是把经营成本放在首位，而园长的眼中要有办园质量，办园质量包括教师的管理、园所资源的完善等。在面对价值观的不同时，园长应该积极沟通，而不是认为投资人才有话语权。园长有责任跟投资人分析改善办园条件、合理情况下适当提高教师们的福利是有利于园所长远健康发展的，不应该只看眼前利益，应该慎重权衡利弊。

第五章　园长危机型公共关系管理的案例分析

幼儿园公共危机是指严重影响幼儿园的正常运作，且具有较大公众影响力的偶然事件，加强公共危机管理是树立和维护幼儿园形象的有效措施。本章将从典型案例入手，深入剖析幼儿园园长危机型公共关系管理的重要性。

第一节　由家长引发的危机型公共关系案例分析

案例38　难缠的老爷子

有一天，园里来了一位幼儿家长，他要投诉幼儿园的教师给孩子下毒了，导致孩子身体不适。

我接到投诉后，与家长沟通，当务之急应该保证孩子得到治疗，先带孩子去看病。但家长坚决不去，于是我提出，园所非常重视此事，要认真调查。通过幼儿的考勤记录、教师的工作日志、影像资料等调研，我们并没有发现家长所讲述的事情。实际的情况是孩子感冒了，而且在这期间，孩子并没有来幼儿园。

我们再一次与家长面谈，也通过一系列的证据向家长澄清，并再次建议送孩子去医院进行检查治疗。通过这次谈话，情况并没有得到改善，家长更是跑到了信访办去投诉幼儿园，向我们索赔20万元。这位家长甚至穿着白大褂，写着辱骂幼儿园的横幅，天天在幼儿园门口溜达。

考虑到安全问题，园长迅速联系片区民警，派出所针对这种情况，在幼儿园门口安了一个高清摄像头，实施监控。又过了几天，园长在园所门口与这位家长再次沟通时，家长着急了，想要动手，被校园保安制止了。但这一切都被记录在摄像头下了，这位难缠的家长被派出所拘留了。在拘留期间，民警人员对其做了思想工作，这位"难缠的老爷子"终于说出原委：由于孩子体弱，近日更是老生病，心疼孩子之余，治疗费、营养费更是给本来经济不富裕的家庭带来了压力，他一时动了歪念，顺势把责任推到幼儿园，希望借此能获赔一些补偿。园长了解了情况，希望派出所也谅解老爷子，经过教育后，民警释放了这位老爷子。

过了几天，这位家长再一次来到幼儿园，并带来了一封真诚的、公开的道歉信。

（北京市朝阳区劲松第一幼儿园　于渊莘）

案例分析

随着社会日趋开放和多元，幼儿园也不再是独立于社会之外的"清净之地"。越来越多的家长对幼儿园的教育和服务提出了更高、更多、更个性化的要求，参与程度也越来越高。在这种背景下，家长似乎也越来越"难缠"，家校关系的复杂化已经是一个必然的趋势。所以面对这样的形势，案例中园长具备证据意识，园所的日常管理规范、细致，对幼儿在园的生活有多种途径的记录。园长还具备了法律意识、社区部门沟通意识，面对"难缠"的家长带来的安全隐患，和片区派出所保持紧密联系，最终顺利保护了教师、幼儿的人身安全也保护了园所的财产安全，并圆满地解决了问题。

第二节　由教师引发的危机型公共关系案例分析

案例 39　孩子，请慢慢享受一碗汤

晚餐的时间到了，今天的晚餐是炒米饭和蛋花汤，孩子们都吃得津津有味，唯独其中一名小朋友坐那不动，他特别挑食，今天中午就没有怎么吃饭。教师走过去问他，他的理由是"我不喜欢吃"。班里教师觉得需要好好和家长沟通一下，以便了解该孩子在家里的饮食习惯，更好地帮助他改掉挑食的坏习惯。

于是，快到离园的时候，园外早已排起长长的家长队伍，等待接园。班长来到幼儿园门口，可是今天接园的不是爸爸妈妈，而是孩子的爷爷，于是班长对爷爷说："请您稍等一下，我想跟您聊聊。"当送走了所有孩子，教师带着爷爷进入班级的时候，看着孩子面前放着一碗汤，爷爷认为是教师让孩子喝凉汤，当即就发起火来。这时，园长闻讯赶来，安抚老人的情绪，在园长的共同配合下，教师终于向爷爷解释清楚，她只是希望孩子慢慢地享受一碗汤，而不是故意让他喝凉的汤。爷爷带着孩子离园后，园长和这位年轻的教师细细地分析这个事件。

首先，年轻教师的出发点是好的，希望积极地家园互动，找出孩子挑食的原因，可是工作方法存在问题。在邀请爷爷沟通的时候，没有注意场合，当着众多家长的面，把爷爷留下，让爷爷感到没有面子。其次，沟通前没有任何预告，导致爷爷误解了让孩子喝凉汤。最后，思考一下，我们有没有更好的办法来处理这个问题，是否可以先与孩子的父母做沟通，预约家长到园访谈，或者可以利用班里同伴的优势力量，让孩子喜欢上在幼儿园进餐。

（北京市朝阳区劲松第一幼儿园　于渊莘）

案例分析

随着人口出生率的增加，学前教育的推进与普及，幼儿园更加规模化，师资队伍也更加年轻化。青年教师的专业成长直接影响着幼儿园的教学质量和可持续发展，他们是幼儿园发展建设的希望所在。因此作为园长，有责任也有义务，提供各种发展平台带领教师专业成长，这样才能逐步让青年教师队伍成长起来，独当一面。

案例40　孩子，我们爱你

幼儿活泼好动，磕磕碰碰在所难免。有时候，幼儿自己摔伤，但家长认为幼儿的伤害发生在园内，幼儿园应该承担所有责任。他们因此会不依不饶，甚至有可能引发一定的危机。

我们幼儿园曾经有一名幼儿，在户外游戏跑步的时候，不小心摔倒了。幼儿失去平衡，右手着地，右手手腕骨折。发生意外后，我们第一时间，与幼儿家长取得联系，并由副园长带领保健医、主班教师将孩子送往家长指定医院治疗。在治疗的过程中，由于孩子的手不能随意动，医生把孩子的衣服剪开为孩子做了手术。

同时，园所也启动了相关的调查以及资料的收集，经过详细的了解，确定是孩子不小心摔倒。但面对幼儿在园的意外伤害，我们不推卸、不逃避，积极面对，配合家长做好幼儿的一切康复工作。

面对孩子遭受的意外，爷爷奶奶特别心疼，情绪一直非常激动，指责教师没有看好孩子。我们非常理解家长的心情，幼儿园为孩子送去了新衣服，关于术后的看护，幼儿园更主动派出教师分担照料孩子的任务，尽心尽力，体现我们对孩子的关心。

在这个过程中，家长感受到了幼儿园对孩子的关爱。我们主动的付出，家长慢慢被感化了，他们也能站在幼儿园、教师的角度思考，体谅教师的不容易，最后，这个危机被慢慢地化解。

（北京市东城区前门幼儿园　邹平）

案例分析

面对幼儿在园的意外伤害，幼儿园首先要有一个担当的态度，这样家长的情绪更容易平复，双方也能更好地达成共识。即便面对通情达理的家长，园长也要有一种安全意识，引导教师如何正确处理，包括相关教师对事件发生过程的笔录，与家长沟通的音频记录、录像等。当解决问题时，可以先由副园长出面，园长在后面作为总指挥，这样可以为处理事情增加一些缓冲，更全面地把事情处理好。

案例 41　幼儿教师越来越"刁难"家长？

有一天，我在早晨接待的时候，有位家长走过来，跟我抱怨起来："园长，请问园里的教师是不是觉得家长都很空闲呢？"我一时间愣住了，便追问："这位家长是有什么问题想向我反映吗？"他便跟我细细道来："教师整天给我们布置任务，一会儿是亲子作画，一会儿是手抄报，还有五花八门的节日、家长会，总是定在工作日开，像我们这种上班族的家长，公司的事情很多，请假比较困难，我们也是要赚钱养家糊口的，教师们越来越喜欢'刁难人'了。"

我终于了解了事情的原委，我首先对他的繁忙工作和生活压力表示理解，然后向他解释教师的意图，通常幼儿园教学有自己的计划和教案，也会安排家园合作的小任务。教师会根据孩子年龄特点来布置，这其中有些任务的确需要家长配合孩子一起完成，但是教师的初衷是让孩子参与和体验整个活动，不是要求孩子一定做到什么程度。

　　其次，幼儿园给家长布置"作业"并非为难或挑战家长，只是希望能够给予家长和孩子真正在一起互动的时间。对于越是忙碌的家长，每天我们有多少时间是真正放下手机、放下工作、放下家务，去全身心关注孩子呢，哪怕是保证每天15分钟的有效陪伴。

（北京市东城区前门幼儿园　邹平）

案例分析

　　教师的初衷是好的，希望通过布置亲子作业，让家长和孩子体验一起制作的乐趣，但是教师在布置任务时，应该要考虑可操作性，以及其对于亲子互动的促进作用。

　　作为园长，也应该避免重视绩效考核，而不重视绩效沟通和绩效指导。园长应该引导教师，特别是年轻教师如何有效开展家园共育工作，提高家长参与度，不要盲目地为完成绩效而布置各种突击任务，让家长跟着加班，造成家长的反感。

案例 42　教师纠纷祸及无辜幼儿

　　胡老师工作二十多个年头了，但控制班级能力较弱。一次例会上，园长感叹说，有的教师值班室、午睡室总是乱哄哄的，还不如年轻教师。虽然没点名，但大家心知肚明。园长轻描淡写的一句话，其实大有来头：最近园长感到教师不像过去那样"听话"了，因为最近来了几个年轻教师，"初生牛犊不怕虎"，他们遇到不同意见时直接说，而且还很有理。教师在一起很团结，园长办公室清闲了许多。以前幼儿园员工之间有矛盾，教师之间人心不齐，遇到事情大家必定寻求领导的支持，这些使得自己很有权威感。然而，现在园长却感到了危机。园长深知胡老师嫉妒心强，心眼小，就有了上面的一番话，目的是想引起胡老师和年轻教师美美的矛盾。

　　果然，胡老师陷入了深深的失落，并产生了强烈的嫉妒心，想出个自认为绝妙而又神不知鬼不觉的点子来。几天后午睡起床，大班的美美老师发现班上有十几个幼儿尿床。正值冬天，美美帮助尿床的孩子脱下裤子，送湿裤子到已经生了炉子的几个班级去烘烤，让孩子们就坐在被窝里。班上孩子分在两处，没有教师在场，再加上出了这么一件孩子们眼中的"大事"，一个个兴奋过度，乱成一团，而美美老师既要照顾那些分在四处的裤子，还要管理两处的孩子，班级里一片混乱，把她累得不行。

类似的情况后来又发生了好几次。班上有家长开始抱怨，年轻教师就是不行！美美感到不安和委屈。她开始疑心，并和几位关系好的教师说了此事，大家一起讨论，疑点很快集中到了和美美配班的胡老师身上，他们很快发现了问题：胡老师早晨10点带孩子们到外面疯玩，直到快开饭才回来，紧接着让孩子们大量饮水。不仅把保温桶里的水喝干，她还亲自跑到厨房去提一大壶水添上，让孩子们继续喝。午餐时，胡老师还把保温桶里剩余的水倒进汤里，不断鼓励孩子喝。孩子们长时间疯玩，又大量饮水，不尿床才怪呢！

真相大白后，教师们告诉了美美，别人怎么对你，你就要怎么对她，否则要吃亏。美美决定以其人之道还治其人之身。果然，没几天胡老师带的班也遇到了类似事件，她也只得跑前跑后。两个人从此结下了深怨，相互不太说话，且找到机会就相互拆台。

（案例选自：陈群，《幼儿园危机管理实务》，pp.175～176）

案例分析

学校是一个舞台，教师是舞台上的重要演员，演员之间应相互支持，才能够促进学校的更好发展。教师的相互拆台，不仅会伤害教师的利益，而且也会给幼儿的发展带来不利的影响。

因此，园长的主要职责在于营造一个良好的文化氛围，在幼儿园中建立一种积极向上的同僚关系，从而能够更好地促进幼儿园的健康发展。佐藤学指出，学校是一个学习共同体，共同体需要共同的愿景，尤其要建立起成员之间倾听和支持的同僚关系，这样才能够发挥每一个人的优点，从而最终促进共同体成员的不断发展。

第三节　由学生引发的危机型公共关系案例分析

案例 43　都是媒体惹的"祸"

近几年，媒体曝光了一系列幼儿园"虐童事件"，引起了人们的高度关注，特别是刺激了在园就读幼儿家长们的神经。

我们园一位幼儿家长，经常私下问自己的孩子，老师打你吗？老师打班里的其他小朋友吗？结果孩子告诉家长，老师在班级虽然没有打自己，但有打别的小朋友的行为。家长听了后，非常紧张，便匿名发了一封电子邮件给园长。

在信中，家长提到："我们的孩子并没有反映老师打他，但是反映老师有打别的孩子，我们非常害怕。"当园长接到这封信时，我们根据家长提到的班级、教师和小朋友，开展了具体的调研。

在与小朋友的谈话中，我们问："孩子，你喜欢刘老师吗？你喜欢张老师吗？"孩子说："喜欢"。

我们还了解到其他情况，有些小朋友画画的时候不好好地坐着画，爱趴着画，教师会拍拍他的肩膀或后背。教师的本意是提示小朋友注意正确坐姿，可在其他幼儿眼中，教师这些肢体动作却是在"打"小朋友。

我们向班级的其他家长发放匿名的对教师工作满意度调查表，结果显示90%以上的家长对班中教师的各项工作表示非常满意。我们还统计了近6个月该班级的出勤率，发现要比全园平均出勤率还要高，达到95%以上。

所有调研工作完成后，园长邀请这位家长，希望可以面谈。

家长如约而至，在沟通的过程中，家长表达了因为受到网络、电视、各种媒体报道幼儿园虐童事件的影响，而产生了焦虑情绪。于是，我向家长汇报了调研的详细结果，还特别向家长普及了如何正确对待幼儿对教师的"投诉"，家长了解完后，表示放心，将真诚地信任我们幼儿园。

这件事，虽然圆满地处理完毕，但是作为园长，我依然在考虑一个问题，如何在这个充满信任危机的社会中，让家长充分地信任园所呢？其中一项是需要提高家长对幼儿年龄特点的认识和理解，使用正确的沟通方式，让家长变得更专业、更懂孩子。于是，我决定在幼儿园开设系统的家长体验互动课堂，带领家长与幼儿一起成长。希望未来，我们幼儿园和家长们能成为更亲密、更信任的合作伙伴！

（北京市东城区前门幼儿园　邹平）

案例分析

园长在接到家长的匿名邮件后，迅速展开调研，收集证据的过程中，全面细致，幼儿谈话、家长满意度调查、出勤率的分析等有理有据，更是从专业的角度为家长分析情况，让家长重新地选择了对幼儿园的信任。

随着现代信息传播技术迅猛发展，目前一些新媒体为了追求"眼球效应"和"点击率"，不乏去夸大或者去反复传播一些负能量的事情，如幼儿园的虐童事件。这种舆论导向使得家长对幼儿园的信任度降低、戒心提高。

面对这种新媒体环境带来的信任危机冲击，幼儿园要重获家长的信任，就需要下些功夫。案例中那位焦虑的家长，焦虑何处来？除了媒体给她的暗示外，也有源于她与孩子之间的沟通方式不恰当而引起的误会。所以，要解决根本问题还得要提高家长的专业化程度，此时园长当机立断地为家长提供了持续学习的平台，最终取得良好的效果。

案例44　幼儿园的危机管理中无小事

暑期幼儿园进行了装修施工，在装修施工及家具选材上都使用了环保材料。为了保证幼儿生活环境安全，我们一并进行了去除甲醛的科技处理，同时请环保部门检测质量为合格。施工结束后，在征集家长委员会意见及全体家长意见的基础上，幼儿园于10月份正式开学。

就在开学第二周，小一班的希希妈妈便以孩子身上有小红点为由，找到了园长，说是班级床的甲醛超标，还说班级其他小朋友都有此症状。园方立即启动了针对此事件的应急预案，成立专项调查小组。

首先，班级教师立即进行了事件追踪，与全体家长进行了沟通，调查发现其他幼儿并没有此症状。其次，保健部门立即对希希身上的小红点进行了相关排查，发现希希身上的小红点症状类似于蚊虫叮咬，立即在全园加装驱蚊灯，发放花露水、薄荷膏等防治蚊虫叮咬等物品。同时，总务部门马上联系相关单

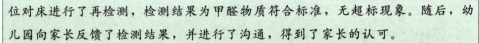

位对床进行了再检测，检测结果为甲醛物质符合标准，无超标现象。随后，幼儿园向家长反馈了检测结果，并进行了沟通，得到了家长的认可。

在事件后续跟进中，我们得知，由于刚入园，不仅小班幼儿有入园焦虑，作为家长同样也有幼儿入园焦虑，又恰逢幼儿园刚刚装修完毕，因此当幼儿遇到了某一点问题时，家长首先想到了是否和装修有关。

作为园长一定要在各个环节严格把关，当出现问题的时候，及时启动应急预案，查找原因、发现问题、解决问题，幼儿园的危机管理中没有小事，事事需谨慎。

（北京市朝阳区劲松第一幼儿园　郝文婧）

案例分析

一个幼儿是幼儿园全体中的一分子，但在一个家庭中却是其全部。幼儿安全是家长最为关心的话题，幼儿的人身安全、食物安全、运动安全等在幼儿园管理中是至关重要的。

本案例是由幼儿人身安全引发的公共关系危机。在这个案例处理的过程中，园长的系统思考，能够给每一个幼儿园的园长带来启发。从成立调查组织，到针对家长的顾虑、指控进行逐一排查，从而消解了家长的逐个疑问，可见园长从事情发生，到事情解决，到事情长期预警都做了充分准备，因此问题的解决才能如此及时、有效。

案例 45　一件玩具引发的报警

中一班的东东与大智平时是一对好朋友，经常一起玩游戏。这天，他们为了一件玩具吵了起来。争吵之中，东东在大智的脸上抓了一道伤痕，大智也不甘示弱地抓伤了东东。由于幼儿并没有向教师报告这件事，教师完全不知情，直到双方家长来接孩子时才发现各自孩子身上的伤痕，于是两位家长便吵了起来。教师则认为孩子已经交到了家长手中，幼儿又不曾向她报告，故置身事外，并没有进行调查和劝解的疏导工作，导致双方家长越吵越激烈。东东家长甚至恐吓大智家长说："如果我的孩子有什么问题，你的孩子也别想活！"结果，大智家长因为这句话感到既害怕又担心而报了警。纠纷发生时园长没在园里，第二天早上园长获悉此事后，立即先向两位幼儿的负责教师了解事情的来龙去脉，再把两位幼儿叫到办公室来，检查他们的伤势，详细对证事情发生的经过，了解他们在事情发生后的反应。园长发现除了伤痕还没有痊愈外，这件事对两位幼儿的心灵也造成了一定程度的伤害。于是，园长约双方家长面谈。园长先代表园方向他们道歉，并讲述了事情的来龙去脉，然后分析双方家长的争吵对幼儿产生的负面影响，以及报案如何使事情的严重性迅速升级，让家长意识到这样并不利于解决问题，还会影响到孩子的健康成长。经过沟通，双方家长的敌意少了，关系也渐趋缓和，同时家长也表示觉察到孩子昨日的确寝食难安，失去了原有的天真与活泼，看来孩子的身心的确受到了不良影响。一番斟酌后，家长们都表示愿意销案和解，冰释前嫌。东东与大智看见双方家长握手言和、重归于好，心中的恐惧与不安顿时消失，脸上又露出灿烂的笑容。这起冲突与纠纷在园长的耐心调解下，终于圆满解决。

（案例选自：程凤春，《幼儿园管理的 50 个典型案例》，pp. 194～196）

案例分析

园长是幼儿园的管理者，在幼儿园与家庭关系的处理方面，园长的作用不可忽视。本案例中，在面对家长因为孩子之间的小事而发生争执、纠纷后，园长积极地去了解事情的来龙去脉，主动约谈两方家长。面对家长的时候，园长先代表园方向家长们道歉。这也是向家长做出了一个表率：道歉是一种宽容的态度。园长这一举动把家长从敌意带到反思的状态，接着园长用专业知识，分析了事件对孩子身心的影响，最终家长们和解了。园长在处理这件事时，非常巧妙，抓住了家长的心理变化，一点点进行沟通，最终圆满地解决了问题。

案例 46　究竟是应该开还是应该关？

某幼儿园门口新设了一片大型玩具区，平时有教师定期组织儿童来玩，其他时间不开放。后来发现很多家长不顾园里的规定，翻栏杆进园玩。当时，只是象征性地设计了一些栏杆，其实非常低。也有家长向园领导建议，能不能在晚上幼儿离园时，开放这片大型玩具区，由家长自己带领孩子玩耍。起初，园长不想答应，但是迫于家长的压力，同时也考虑到这片大型玩具就这样放置，确实有些可惜，便答应了家长的要求。但在入口处明确写着"凡是出了事故，一切责任家长自负，与幼儿园无关"。

某日，一位家长带领孩子玩耍时，孩子不慎从滑梯上摔下来，小腿骨折。家长找到了幼儿园，要求赔偿。园领导认为此事和幼儿园无关，理由是此时孩子已经离开幼儿园，幼儿园对他不负有看护的责任，况且园里已经明确通知，离园后幼儿在大型玩具区出了事故，是家长的责任，与幼儿园无关。可家长认为，孩子并没有走出幼儿园的大门，是在园内摔伤的，幼儿园就应该负责；虽然幼儿园贴了通知，但并不表示所有的家长都看到了通知。该家长扬言要去法院告幼儿园，同时还在家长中散布有损幼儿园声誉的话。

最后，幼儿园为了息事宁人，就派人到幼儿家中进行慰问，并承担了部分医疗费。此后，幼儿园再次关闭了大型玩具区，为了防止家长再翻爬栏杆，每天离园时还专派人员守候。事后，园领导召集员工进行讨论，有很多教师认为此事与幼儿园无关，幼儿园不能因为害怕家长告状就放弃了自己的立场；也有的教师认为当时就不应该听从家长的要求而开放这片玩具区域。

（案例选自：张燕、邢利娅，《幼儿园管理案例及评析》，p.264）

案例分析

幼儿园公共关系危机的出现，可能发生在任何一个细节。滑梯是幼儿园的设施，幼儿园缺乏对滑梯的管理，所以当校区中的幼儿从滑梯上摔下来后，幼儿园便处于非常被动的地位，从而承担了不必要的经济损失。

因此，在幼儿园公共关系的管理中，要具有危机的意识，做到未雨绸缪，尽量把问题消解在萌芽状态，从而促进幼儿园的进一步发展。

案例 47　孩子的手臂脱臼之后

帅帅是某幼儿园的托班新生，入园第二天放学后，大约傍晚7点多，园长接到了帅帅妈妈的电话。说帅帅回家后一直哭闹说右手很痛并且不敢抬起来，现在已经由家人陪同前往医院检查。园长收到电话后，马上联系班主任了解情况。吴老师告诉园长，今天午睡时，帅帅尿床了然后就给他换衣服，换衣服后，帅帅就哭说手疼，吴老师认为可能是孩子睡觉时压到手神经，有点发麻了，所以手不舒服，而且孩子刚入园，情绪并不稳定，哭闹很正常，于是一个下午都在安抚他，晚餐也是由教师喂的。直到到放学时，帅帅还一直说手疼。接园时，吴老师跟帅帅姥姥沟通了情况，姥姥说可能是前天做入园体检，抽血了，所以手还有点疼。

园长一边了解了情况，一边驱车前往帅帅治疗的医院。到达医院后，由于该医院并没有儿童骨科，经两位医生治疗后孩子仍然喊疼，家长要求拍片，了解手的情况，拍片的结果是骨头没有受伤。于是，医生建议到专门的儿童医院就诊。园长带着家长和孩子驱车前往50公里以外的儿童医院就诊。到达后经医生了解情况并检查后诊断是脱臼了，医生解释说，7岁前很多孩子的关节都很容易脱位，有时很轻微的拉扯或在换衣服的过程当中都有可能造成脱臼。随后，医生帮帅帅进行了复位治疗。帅帅并无大碍，医生建议其回家休息。

第二天早上，园长又带着吴老师一同前往帅帅的家里探望，对于教师的照料不够细心导致帅帅受伤了做出真诚的道歉，并表示今后一定会精心照顾孩子的生活，请家长放心。家长对意外发生后园长和教师的积极面对和处理也比较满意，没有提出更多的要求。

（北京市东城区大地实验幼儿园　李彩燕）

案例分析

安全是幼儿园的头等大事，没有安全就没有一切。在案例当中，当孩子的手脱臼后，告诉教师手疼，却没能引起教师的重视。年轻教师对幼儿身体的变化敏感度不高。所幸，园长主动带孩子和家长前往医院治疗，真诚道歉、主动探访，最终得到家长的体谅。从案例中看，园长在管理当中，也有不可推卸的责任。园长应该提高全体教职工的安全意识，更应该加强年轻教师对幼儿护理知识的学习，提高保育水平和质量。同时，园长也要引导教师对孩子的安全教育，例如，小朋友之间不要用力拉扯小手等。教师要多渠道地开展安全教育，如利用一日活动环节、生活场景模拟等，帮助孩子增强自我保护意识和能力。

第四节　由其他工作人员引发的危机型公共关系案例分析

案例 48　严守保卫制度的门卫哥

我们幼儿园规定，早上8点以后，就结束集体晨接待。如果家长迟到了，就由主任亲自接孩子入班。

有一天，一位家长来晚了，我们的主任在门口迎接，并对家长说，送到这里就可以了，我会把孩子送到班级里。这位家长听了就表示不乐意配合，坚决要自己送进班，言语间还动手推搡了我们的主任。在岗的保安人员马上出来严厉制止了家长的不当行为。家长认为保安人员的态度恶劣。于是找到了园长说理，要求幼儿园保安向她道歉。

园长了解了事件的过程后，坦率地对家长说，如果您觉得保安人员对您的态度无礼了，作为园长我可以先给您道歉，但我必须要再向您申明相关情况。

首先，孩子早上8点以后入园，必须由主任接送进班，这是出于安全管理的考虑。其次，对于园所的该项规定，您在此之前是知晓的，并签字确认了的。所以，保安是可以向您道歉的，但前提是您必须向我们的保安说明他们在工作过程中严守制度是对的，并且是因为您自己的迟到而造成上述的事情。

谈到这里，该家长心里有点不服气，于是，她向园长暗示了自己的人脉关系，有能力随时把该保安调离岗位甚至撤职，园长听出她的话中带有些威胁的意思。园长不卑不亢地回答家长："我们园的这位保安，是优中选优选出来的，据我所了解，是我们区内国办园中最好的，如果没有他们的维护，500多人的大园的安全就无法保障。如果您要撤职我们这位保安，那么，您就同样要负责我们全园的安全保障。"

家长见园长态度强硬，也意识到自己的问题了，没有再纠缠此事。后来，通过不断沟通，园长和这位家长保持着非常好的关系。

（北京市朝阳区劲松第一幼儿园　于渊莘）

案例分析

这个案例当中，我们看见一位在面对家长的无理取闹时能进退自如、不卑不亢的园长。园长很好巧妙地引导家长最终认可园所的相关管理制度，同时也保护了教职工的职业自尊。

结语　园长公共关系管理能力提升的方法论

一、建章立制

制度对人的行为具有很好的规范作用，园长作为幼儿园事物的第一负责人，需要通过建章立制的方式来提升自身的公共关系的管理能力。通过初步的建章立制，能够明确各个相关的利益主体的行为规范，能够防范幼儿园管理过程中所产生的危机。制度能够保障幼儿园的正常运转，同时也能够确保幼儿园的关系从依托园长的"人"的关系，转变为通过"制度"进行管理，走上现代化管理的道路。

在《幼儿园园长专业标准》中，对幼儿园园长内部管理的第四十八条规定："建立健全幼儿园管理的各项规章制度，严格落实教师、保育员、保健医、保安、厨师等岗位职责，提高幼儿园管理规范化、科学化水平。"由此可见，建章立制是园长能力的一种体现，同时也是从制度上规范公共关系，做到关系的透明化、公开化，从而确保幼儿园内部的人与人之间的关系能够更加明晰，为公共关系的管理做好预防工作。

幼儿园是由人及其活动构成的。幼儿园的正常运行需要对人及其活动进行规范，划定幼儿园相关人员活动的基本规范，从而确保幼儿园的正常运行。需要指出，幼儿园的规章制度，并不是对幼儿园工作人员的一种束缚，而是为幼儿园中教师和工作人员提供工作机会，是实现其自身发展的重要途径。

不仅要制定幼儿园的制度，而且要扎实执行，并及时修订幼儿园的政策，从而促进幼儿园制度的不断更新，促进幼儿园制度的不断发展。幼儿园的制度建设，不是一个不断另立新制度的过程，而是一个对原有制度不断创新的过程，最终的目的是促进幼儿园的不断更新和发展。

二、危机意识

园长公共关系管理的危机意识是指在危机发生之前，能够做到预测和防控，在危机发生时能够冷静处理，在危机发生后能够通盘考虑，最终促进问题的解决。

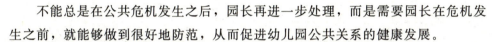

不能总是在公共危机发生之后，园长再进一步处理，而是需要园长在危机发生之前，就能够做到很好地防范，从而促进幼儿园公共关系的健康发展。

因此，园长在幼儿园的工作中要具有敏感的危机意识，及时察觉可能出现公共危机，要做一个用心、真诚的管理者，做一个未雨绸缪的管理者。

三、系统思考

幼儿园公共关系是一个系统工程，园长需要不断学习系统思考的方式，最终促进幼儿园公共关系的解决。系统思考主要体现为横向系统思考和纵向系统思考两个方面。

横向系统思考是指要考虑到幼儿园的内部、外部之间会构成一个系统。这个系统中包含了中层领导、教师、班长、幼儿、工作人员、家长等人员，同时又包含了幼儿园与社区、社会组织和股东等。园长要处理的公共关系，就是厘清这些不同主体之间的关系，从而促进幼儿园的健康发展。

纵向系统思考是要考虑到幼儿园的过去、现在与未来之间的关系。幼儿园每个学期、每个星期会涉及公共关系的活动，从而使整个幼儿园的公共关系活动能够不断地继承和发展。园长在总结公共关系管理经验的同时，不断创新推动幼儿园公共关系活动，从而促进幼儿园公共关系地不断拓展，最终促进幼儿园的全面发展。

附　录

附录1　幼儿园园长的专业素养

当前，我国正处于教育改革和发展的关键时期，学前教育作为我国国民教育体系的奠基阶段，作为建构社会公共服务体系和满足民生需求的重点领域，成为我国政府教育改革的重要着力点之一。《国家中长期教育改革和发展规划纲要》也明确了我国学前教育的重要性和发展方向，为学前教育的可持续发展奠定了基础，也使我们幼教工作者鼓足了干劲。所以，在新的改革形势下，作为一名园长，更要重新审视自己的专业素养。

作为园长到底应具备什么专业素养呢？我认为，幼儿园园长的专业素养包括以下三个方面：第一，高瞻远瞩的专业思想；第二，立足岗位的专业知识；第三，引领发展的专业能力。

一、高瞻远瞩的专业思想是做好园长的基础

专业思想可分为专业理念和专业精神两个方面：专业理念意味着管理者要站在行业的最前沿，有海纳百川的教育思想，能认清教育改革的内涵和实质，用独到的教育理念来指导工作；专业的精神是专业理念实施的保证，管理者在实施教育管理的过程中，要精益求精，不断创新，让贯穿于心中的理念得有效地实施。

(一)形成正确的专业理念

《幼儿园教育指导纲要(试行)》强调幼儿园教育是基础教育的重要组成部分，是学校教育和终身教育的奠基阶段。因此，幼儿园办园理念的形成需要建立在国家的教育方针和教育指导纲要的基础上。

当然，幼儿园办园理念的形成，需要我们教育者始终保持一份美好的教育情怀，其不是一朝一夕就能实现的，需要在长期的教育实践中动态生成，这就如经历艰辛磨炼，终于破茧而出，化蛹为蝶的过程。在此过程中，我们要坚持以下几

个原则。

第一，全局性原则，以教育整体为重。

第二，适应性原则，要考虑到符合本园的实际，才是本园发展的理想追求。

第三，前瞻性原则，是通过努力能达成的科学方向。教育是为未来培养人的活动，要立足当前，着眼未来。

第四，导向性原则，办园理念是幼儿园发展的目标和方向，是行动的指南，其功能在于引领教师朝着既定的目标努力拼搏。

第五，实践性原则，办园理念源于实践，还要高于实践，指引实践。

第六，激励性原则，用激励的手段，鼓励教师为实现办园理念而努力。

第七，民主性原则，发扬每个教师的智慧，聆听每个教师的心声。有了理念就会有信仰，有了信仰就会有追求，有了追求就会形成目标，有了目标成功的路将不再遥远。

原则是形成办园理念的"框架"，具体的方法可以从以下几个方面努力。

第一，形成办园思想，强调以人为本。园长要以人为本搭建自主发展的平台，全面育人，创造适合幼儿健康成长的空间。

第二，明确管理思路，以教育科研为先导，以课程活动的深化为核心，以队伍建设为重点，教师之本是课堂，课堂之本是幼儿，幼儿之本是发展，遵循这样一个建设途径。

第三，建立管理目标，一颗爱心，两种意识，三个追求，三种能力。

一颗爱心，积极向上的心态，热爱儿童、事业和生活。两种意识，服务意识和发展意识。三个追求，求实、求效、求新。三种能力，其一，求新知、获进步的能力——知识的力量资源。其二，善交流、谋合作的能力——人际资源的力量。其三，争创新、图发展的能力——教育智慧的力量。

第四，讲求快乐管理及快乐教育。讲求快乐管理及快乐教育，我们最终要达到这样的目标：乐于读书，以勤奋为乐；乐于服务，以助人为乐；乐于锻炼，以健康为乐；乐于交往，以合作为乐；乐于参与，以实践为乐；乐于开拓，以创新为乐。

（二）持续发展的专业精神

幼儿园的管理者是幼儿教育的实践者，决定着教育的质量，这要求我们园长一定要具备以下三种精神。

第一，民主精神——让教师成为主人，畅所欲言，发挥教师主动性；要积极听取家长的声音和合理的建议；要关注到孩子的所需，这更是不能忽略的。

第二，科学精神——遵循办园规律、幼儿教育规律、幼儿成长规律、教师成长规律等。

第三，奉献精神——爱岗敬业，培养教师良好师德修养。（坚守四德：倡导仁爱之德，弘扬敬业之德，树立无私之德，恪守淡泊之德）

园长要由从业而敬业，由敬业而乐业，将自己的幸福与教师、幼儿的幸福紧密相连，在与教师和幼儿的生活中，体会到发自内心的快乐，从而在教育的实践中提升自己的德才学识。优秀的园长要用力工作、用脑思考、用心创造。

◇ 二、立足岗位的专业知识是做好园长的关键

作为一园之长，园长是幼儿园发展方向的决策者，是幼儿园全面工作质量提升的引导者和督导者，是幼儿园教育教学研究的专业引领者，等等。因此，园长专业引领的水平是影响一所幼儿园教育教学质量与教科研水平的关键因素。而园长专业知识是实现其专业引领的重要保证。园长应具有的专业知识有以下几个方面。

第一，保教知识——园所教育质量的保证；第二，保健知识——园所保育质量的保证；第三，管理知识——园所内涵发展的保证；第四，危机知识——园所安全的保证。

保教、保健、管理以及危机知识的掌握，都需要园长要不断地学习。园长要养成自觉学习的习惯。教学活动组织与管理指导知识是园所内涵的保证。园长要具有学习意识，只有坚持终身学习的理念，才能够保障自我知识的不断更新，才能够引领幼儿园朝着更好的方向发展。

◇ 三、引领发展的专业能力是园长专业成长的保障

园长的专业能力可从以下三个方面体现：园所文化建设、环境建设、队伍建设。

（一）园所文化建设

园所文化建设主要涉及幼儿园人文环境的选择和布局。换言之，也就是要考虑如何建设一所吸引人的幼儿园的问题。那么，如何让教师喜欢这所幼儿园呢？这就需要管理——为教师自主发展搭建平台，使之享受到成功的快乐，享受到职业的幸福。尤其是随着幼教改革的深入，教师发展出现了"高原现象"，他们已经厌倦了自上而下的单项式的工作安排，如"我说你听""我安排你去做"等。由于我

们强调制度管理的规范有序，忽视了教师教学实践中发挥创造性的需求，重视教师群体的统一管理，忽视教师所处教育环境的优化，那么我们应该创造什么样的有益于教师发展的环境呢？管理方式的变革：发挥教师的能动性，给教师机会发挥自己的主见，做出自己的决定；营造幼儿园积极的研讨气氛和宽松的人文环境，鼓励教师的创造价值；淡化评价的考核功能，凸显评价的教育诊断作用，建立提高教师自我反思、资助提高的评价制度与形式。

1. 提升教师的专业素养

管理者应将目光聚焦在教师积极心态的开发和保持上，把心思用在教师事业的不断提升上。没有教师的发展，就不会有幼儿的成长；没有教师的幸福，就不会有幼儿的快乐。教育成败的关键在于教师的专业素养。

①尊重、理解教师，引导教师具有阳光心态。

②疏导教师不良情绪，管理者要做个耐心的倾听者。

③培养教师拥有一颗豁达的平常心，心态决定人的境界。

④练就专业能力，站在智者的肩膀上前行，站在自己的肩膀上攀升，站在集体的肩膀上飞翔。

幼儿园最持久的财富是教师的发展；幼儿园最核心的任务是培养教师队伍；幼儿园最终的目标是为幼儿的发展服务。

2. 抓好思想建设，营造良好园风

倡导爱的教育，营造爱的氛围。园长要倡导"爱"的管理，相信如果园长能以宽容、平和、真诚、负责的心态来对待每一位教师，教师一定能感觉得到。我相信，爱是世界上最美的语言！有了爱，教师心窗会被打开；有了爱，孩子纯真的笑脸会为你绽放。因此，尽管再忙，每天清晨园长也应站在门口笑脸迎接每一名教师的到来，随时给他们祝福和安慰。爱是教师的母语，爱是教育的本质，能让每一位教师和孩子在一个充满爱的氛围里工作、学习和生活是一件很幸福的事，因此，营造良好的园风是园长的一份责任。

3. 发挥情感的亲和力

多些平易会心的微笑、多些发自内心的赞扬、用朴素的情感打动教师的心，实现干部与教师心与心的零距离接触。

4. 运用激励的感召力

教师也是需要鼓励和夸奖的，做领导者要有许多夸奖教师的词汇，绝不能吝啬。园长要经常自省：我今天都夸奖了教师什么？都夸奖了谁？我夸奖后教师有什么反应？

5. 通过个体的激励带动群体的发展

通过个体的激励带动群体的发展，园长需做到以下三个方面。第一，重培养和使用，满足发展的需求。第二，充分调动教职工的激情。第三，让教职工参与管理，做到"四多四少"：多走程序，少行政拍板；多集体决策，少个人独行；多听意见，少主观臆断；多群众发动，少指名安排。

6. 管理也需要自我激励：学会自问

我在从事一个对社会有意义、有价值的事业。它能给我带来乐趣吗？这里有我发挥想象力和创造力的空间和机会吗？我能把平凡的事情转化为精彩，把烦恼的事情转化为快乐吗？我的办公室里有人情味吗？教师们在情感上喜欢接近我吗？我最大的苦恼是什么？我有能力排除苦恼吗？给予教师一份工作的好心情——快乐是一种美德。

生活在批评的环境中，学会指责。

生活在嘲笑的环境中，学会难为情。

生活在忍受的环境中，学会忍耐。

生活在公平的环境中，学会正义。

生活在赞扬的环境中，学会抬高自己。

生活在敌意的环境中，学会对抗。

生活在羞辱的环境中，学会内疚。

生活在鼓励的环境中，学会自信。

生活在安全的环境中，学会自爱。

（二）环境建设

《幼儿园教育指导纲要（试行）》明确要求"创设与教育相适应的良好环境，为幼儿提供活动和表现能力的机会和条件"。环境对幼儿的教育起着潜移默化的影响，创设良好的环境应和幼儿的年龄特点相适应，和教育相适应，因此在创设环境要从幼儿的角度，以幼儿的眼光来创设环境。

1. 以幼儿为本

我们应该为幼儿创设一个想看、能看、乐于看，想玩、能玩、乐于玩，想说、能说、乐于说，想摸、能摸、乐于摸，能满足幼儿发展需要的环境空间，方便教师粘、展、换的互动环境，以儿童的眼光看世界，以儿童的心灵感受世界。

2. 目标物化于环境之中

幼儿喜欢摆弄和操作物体，幼儿认知能力在与环境的相互作用中获得发展。幼儿的思维方式决定他们对世界的认识是感性的、具体的、形象的，从某种意义上说，物质环境是幼儿学习的桥梁，因此将教育目标和内容生活化是幼儿教育的独特之处。

3. 体现园所特色

什么是特色？特色是指事物所表现出来的独特的风格与色彩，幼儿园办园特色是幼儿园在发展过程中通过一定的创新而发展起来的风格与特色，是区别于其他幼儿园的、稳定的、个性化的特征，是幼儿园发展的核心动力和核心竞争力。

第一，渗透园所文化：体现着艺术性，温馨、和谐、色彩协调；体现着以幼儿为主体，幼儿健康快乐地成长；体现着幼儿园的管理理念；体现着一种与环境和谐的自然美，一种展示着想象力和创造力的艺术美。

第二，家园和谐共进：家庭是幼儿园重要的合作伙伴，应本着尊重、平等、合作的原则，争取家长的理解、支持和主动参与，并积极支持、帮助家长提高教育能力。

第三，人力资源的开发和利用：人力资源管理，就是指运用现代化的科学方法，对与一定物力相结合的人力进行合理的培训、组织和调配，使人力、物力经常保持最佳比例，同时对人的思想、心理和行为进行恰当的诱导、控制和协调，充分发挥人的主观能动性，使人尽其才，事得其人，人事相宜，以实现组织目标。园长在人力资源的开发过程中应该做好用人、培养人和调动人积极性等方面的工作，以此来提高人力资源管理的有效性，可以成立环境创设教研组，在环境创设中要善于运用教师资源，让每一位教师参与园所环境的创设，成为环境的主人。

第四，空间的规划和利用：充分挖掘每处空间的教育价值，打造各具特色的教育环境。将有限空间合理利用，例如，活动场地、墙壁、空中吊饰，以及公共区域的开发和合理布局等。

第五，环境材料的开发和利用：陶行知在创设燕子矶幼稚园时提出要"寻找生活材料""好似满山遍地的废物，都是极好的材料"，他所提倡的"省钱""经济"节约成本的思想至今影响着幼儿园教育。

我们总结出环境创设的基本元素：学会站在幼儿的角度欣赏美，学会三维空间的巧妙利用，学会人力资源的开发和利用，从而实现教育环境创设为教师幼儿发展服务。艺术家罗丹说，"世界上并不缺少美，缺少的是发现美的眼睛"，只有善于发现美的人，才能从大自然中领悟到美的意境，陶冶情操，丰富生活，提高生活的质量。

（三）队伍建设

园长要有高尚的"人格魅力"。我国伟大的教育家陶行知先生提出："校长是一个学校的灵魂，要想评估一个学校，先要评论他的校长。"同样，园长是幼儿园的关键，其人格威望将直接影响到幼儿园的发展。一个优秀的园长，必须具有高尚的人格魅力。一个好的园长，要刻苦修炼自己的德行，以自己优秀的品行感染教师，做其他教师的表率，这是树立园长威信的重要前提。一份坚定的信念，一个宽容的胸怀，一道自省的目光，一种敢于承担责任的勇气，这些都是一名优秀的园长所应该具备的基本素养。

"园长不仅仅是一种权利，更是一份责任。"作为园长，要提高人格魅力，平时就要注意培养自己正确的人生观、价值观，保持良好的心态和乐观的生活态度，唤起教师们对自己的尊敬、佩服，唤起教师们的亲近感，使教师能够在宽松、和谐的工作环境中，自觉主动地用最大的努力去完成工作。

队伍建设包括：干部队伍建设、教师队伍建设（骨干教师、青年教师、保育教师、后勤教师等）。任何一支队伍的建设培养，都需要依靠群体的力量和智慧，任何一支队伍的成长都要走上专业研究的轨道，这是园长的责任。园长就是要研究清楚干什么，为什么，怎么干的问题，这样幼儿园才能更好地发展。

1. 干部队伍建设与培养

（1）培养干部队伍要富有自身的人格魅力

园长所具有的人格魅力是一个幼儿园兴衰成败的关键所在，它是一种活力、凝聚力和向心力。

园长的领导魅力，是其权力运用的最佳状态，一个园长在一所幼儿园，能否打开局面，能否顺利开展工作，核心在其领导魅力。

园长的学识魅力，园长为什么具有吸引力？因为他有广博的学识魅力，这种魅力为教职员工开启了一扇心窗，能引领规划幼儿园未来发展。

园长的思想魅力，拥有思想魅力是园长成功的法宝，一个思想深邃的园长，能在平凡之中见神奇，见人之所未见，为人之所未为。

园长的形象魅力，对内可以具有强大的凝聚力和感召力，对外具有无形的穿透力、强劲的宣传力和深度的沟通力。

园长的语言魅力，是其成功管理幼儿园的关键要素之一，为此，园长的语言要做到质朴清新、生动诚恳，富有感染力。

园长的反思魅力，是专业发展和成功管理的核心因素，园长的反思魅力使得园长更加睿智，幼儿园管理也会如一首诗、一幅画、一段旋律、一片风景，拥有反思魅力是园长成功的法宝。

(2)提升创造性执行力

管理干部的主要任务是执行，而最高境界是创造性执行。创造性执行一般表现在三个方面：

第一，对幼儿园确定的发展方案或园长的办园思想，能够提出较好的补充，建设性意见。

第二，能够克服一切困难，想尽办法把方案或园长的思想落实在自己主管的工作中。

第三，提升每个教职工的综合素养，严格管理，严格执行才是制度的生命力。

一所幼儿园园舍是办园的骨髓；教学是办园的内脏；师幼是办园的神经；领导者是办园的大脑。只要我们时常保持大脑的清晰，变管理者为服务者，变领导者为促进者，变指挥者为参与者。我们的教师一定会信服你，我们的工作一定也会卓有成效。

(3)帮助教师找到自己的最近发展区

在幼儿园愿景与办学目标的引领下，我们应力求用先进的办园思想，优质的办园条件，过硬的办园质量，全力塑造充满个性的教师和幼儿，走出一条自己的路。这一切全靠一支高素质教师队伍支撑，所以培养教师，提升队伍整体素质是最基础的工作。

首先，我们努力做好对教师的"选、用、育、评"工作，用发展的眼光看待教师，根据教师所需进行培养，根据教师所长进行培养，根据园内规划制订适合教师发展的近期目标和实施计划。园长要为规划的有效实施做好保障与服务。

其次，注重团队梯队建设，分层管理、分层评价、分层指导。制订骨干教师、青年教师培养方案，使青年教师尽快成长，做到一年行、两年能、三年成。以点带面，在滚动式发展中，使教师一批批成长起来，逐步实现教师队伍的整体提高。

最后，积极为教师搭建成长平台、创造机会、鼓励教师脱颖而出，帮助教师形成自己的教学风格。

2. 教师队伍建设与培养

(1)强化"创新型"教师的培养

创新是一个国家不竭的灵魂,园长要鼓励教师在各项工作中体现出一个"新"字。创新的思路、创新的精神、创新的能力,就会在每个人的身心中萌生。园长把握的方向就是遵照《幼儿园工作规程》精神,处处体现"新意",将其贯穿到幼儿园的每个环节,每个角落。

第一,全园营造创新的氛围。

①幼儿园建立教师创新内容收集册(玩具材料体现创新、卫生环境体现创新、幼儿习惯培养体现创新、组织幼儿活动、教师教研活动体现创新),并形成文字性材料。

②领导采取螺旋式启发的形式,积极引导教师创新。

③以点带面进行推广创新,形成辐射性作用,再为之提出更高的要求,使其不断的改进、调整。

④创新思维训练,打破思维定式。

第二,多样的专业引领策略,有效地启发引导教师的专业成长。采用启发式研讨、教学现象观摩与评价、参与式、体验式培训等,不仅要关注研讨过程中教师的反馈,更要关注教师在实践中教育行为的改变。

(2)激励教师把个人价值最大化

第一,发挥骨干教师自身优势,形成研究共同体。幼儿园可以成立骨干教师工作室,将骨干教师的做法以不同方式进行展示。例如:《优秀活动及反思集锦》,《骨干教师自荐特色课程研究成果集》收录教师有价值的活动设计或反思,这些资料是教师研究的回顾,也成为青年教师借鉴学习的范本。这使骨干教师在提高自己的同时,受益于他人。

第二,开展有益的师带徒活动。为使教师队伍发挥教学相长的作用,培养教师教有所长,可以根据教师自身的特长,把师傅分成不同的类型,满足青年教师选择的需要,如观察反思型师傅、游戏活动型师傅、创新制作型师傅等,并邀请被称为师傅的教师进行培训。在教师之间形成了相互学习、相互激励的环境。

第三,建立教师个人成长档案。为培养教师的反思意识和能力,在工作中记录自己的成长历程,可以由教师自行设计建立个人成长档案,为教师的成长留下了轨迹。成长记录可以抓住两个关键:一是关键的事件,二是关键的经历,并突出两个"成"字——成绩和成长。强调的是典型事迹整理好，关键经验记录好，成功失败分析好。

（3）明确发展方向进行适宜的培训

首先，注重不同纬度的培训。

①岗前培训与定期培训相结合；

②理论培训与实践培训相结合；

③集中培训与个别指导相结合；

④阶段性培训与中心工作相结合；

⑤基本技能与专业化培训相结合；

⑥观摩研讨与分析会谈相结合；

⑦园所培训与班长培训相结合。

其次，强化过程管理，保证工作实效。

①日常检查与重点抽查相结合；

②执行标准与标准调整相结合；

③过程跟踪评价与考核评价相结合。

我的智慧要诀：

第一，投入的工作是人生最大的享受。人生的真谛在于发挥自己的特长让生活充满快乐，感受创造的欢乐，体现自身价值。人生最大的幸福莫过于找到自己倾心相爱的工作，并努力做出成绩。

第二，幼教人成功的秘诀在于：大家办幼教——与喜爱幼教的人共同为孩子的成长服务。

第三，认认真真、踏踏实实地工作是一个既简单又深奥的人生哲理。毛泽东曾说过，世界上怕就怕"认真"二字。我们怀抱美好的梦幻、伟大的理想，要想达到成功的彼岸，就要脚踏实地、认认真真地做好身边的每一件事。一个人如果对待每项工作都认认真真，那么即使他处在世界上任何一个不起眼的角落，都终将脱颖而出。

第四，尽善尽美是一项重要的标准，幼教需要尽善尽美。

第五，思考有助于智慧，智慧有助于成功。上帝赋予我们一般动物无法企及的大脑，就是要我们勤奋地思考，三思而后行。每个人都需要成功，也都渴望成功，每个人的心灵都需要智慧的润泽，我们的生活也需要智慧的启示。在我们遇到棘手的事情时，是不是应该冷静下来，仔细地想一想，哪一种方法更有效，而不是匆忙地做出草率的决定！

第六，带动身边的每一个人爱事业更应该爱生活。生活是事业的一部分，工作、爱情、生活是人生的三个重要方面，偏废了任何一方面都不能成为幸福的人。所以，我要告诉同行挚友、幼教达人们一句话："爬山的时候，别忘了欣赏周围的风景。"

幼儿教育是为儿童的未来人生点燃一盏幸福的灯。教育的原点是育人，育人应该舒展生命，培植德行。作为管理者，应该以舒展幼儿的生命、提升幼儿的道德、塑造幼儿的幸福人生作为自己的理想和追求。

（北京市丰台区丰台第一幼儿园　朱继文）

（本文对原文有所删节）

附录2　文化建设是幼儿园良性公共关系建立的基石

梁漱溟先生说，文化是一种生活方式。文化渗透在我们生活的每一个细节，无形之中影响着环境中每一个人的思维、行为和精神气质。所以，优质的幼儿园文化，能够起到优化幼儿园公共关系的作用，也是幼儿园公共关系良性建设的基础工程、奠基之旅。那么，如何通过文化建设，促进幼儿园公共关系的发展呢？下面，我将结合劲松第一幼儿园文化建设的经验，谈谈我在这方面的感想。

劲松第一幼儿园在文化建设中，本着"师幼联动、师师联动、家园联动"的工作策略，围绕"幼儿习惯养成、教师队伍建设、品牌活动建设"三方面内容，以目标、工作体系的合理构建和有效落实为重点，将园所文化真正落实到师幼成长上，有效地提升了幼儿园的办园质量。

一、建设幼儿习惯养成文化，促进幼儿和谐发展

近几年来，幼儿园在文化建设工作的导引下，不断发展与进步，我对幼儿园办园目标及思想有了越来越清晰的认识与梳理："让每一朵太阳花在这里幸福绽放"作为幼儿园最终的办园理念，得到教师、家长、专家的一致认可，充分体现了以幼儿为本的教育理念。

如何真正实现幼儿园办园理念，让每一个幼儿健康、快乐、自信地发展？习惯是成就儿童发展的保证。在培养幼儿生活卫生习惯、交往习惯、学习习惯过程中，我们通过建构目标体系、培养策略和评价方法，通过环境创设、生活活动、游戏活动、家园共育等途径有效培养幼儿良好行为习惯。

（一）建构目标体系，实施习惯培养

根据幼儿发展需要及幼儿园教育纲要目标，劲松第一幼儿园制订出"礼、美、慧、健"培养目标，分解出幼儿的生活卫生、学习习惯和交往习惯行为目标，并针对幼儿习惯培养的主要内容制订了大、中、小班不同层次的培养目标，形成幼儿行为习惯目标体系。例如，幼儿园纲要中健康领域中第二条"生活、卫生习惯好，有基本的生活自理能力"这个目标，制订了我园培养目标中的"健"中的细化目标，包括自己力所能及的事情自己做；饭前便后认真洗手；乐于参加体育和锻炼活动；知道基本的安全和自我保护常识；喜欢喝白开水；乐观、坚强、勇敢，不怕困难。根据该目标，细化为大、中、小班各年龄段目标，以便通过多元策略

与途径有针对性地培养。

（二）借助环境理论，实现环境培养

在幼儿习惯养成方面，十分注重环境的创设，让环境与幼儿互动成为幼儿的第三任教师，将生活卫生习惯、学习习惯、交往习惯等内容通过图片解说、照片展示、墙面游戏等互动方式有效地使幼儿实现习惯内化。例如，中、大班的"我会照顾自己"墙面互动栏目，主要体现幼儿生活习惯的养成。具体做法是：幼儿在大便后，需要将自己的便状（干、稀、正常）记录在栏目中，当幼儿发现大便干时，就在"多吃水果"和"多喝水"格中画对勾，提醒幼儿要注意关注自己的健康了。小栏目大作用，有效地改变了由过去家长向教师提出，"老师，您给我的孩子多吃点水果，多喝点水吧"的要求，转变为幼儿自己的"我要多吃水果和多喝水"的良好习惯养成。类似这样的与幼儿互动的环境如"书包自己拿""怎样喝水才对""问好的方法"等，确实发挥着环境育人的作用。我们采取的师幼联动、师师联动、家园联动策略，有效地培养了幼儿的良好习惯。

（三）通过角色游戏，强化习惯养成

游戏是幼儿的基本活动，游戏也是幼儿学习的驱动力。劲松第一幼儿园将习惯养成融入一日游戏中，有效调动幼儿自主养成良好习惯。例如，中班游戏《变魔术》，就是每当幼儿从户外回班前玩的游戏，教师："我们玩个魔术游戏，你们做魔术师，看谁经过盥洗室后，把小手变得特别得干净?"有情境、有角色、有游戏性活动，激发了孩子们认真洗手的兴趣，只见他们都悄悄地、神秘地、认真地洗着自己的小手。不一会儿，举着自己的小手，快乐地、自信地、嬉戏地对教师说，"老师，你看我的手变得干净吗?"老师说，"啊！你这个魔术师真棒，小手是怎么变得又香又干净的?"游戏有效地调动了幼儿良好行为习惯的养成。除此之外，借助童谣培养幼儿行为习惯也是主要途径之一。幼儿园先后与家长、教师、幼儿园共同创编童谣百余首。上下楼童谣、排队歌、洗手歌、午睡诗歌等，朗朗上口，孩子们非常喜爱，为幼儿行为习惯养成奠定基础。

（四）开展家园共育，延续习惯养成

习惯养成不是一时的，需要家园持久共同培养。幼儿园充分借助家长资源开展了系列活动。首先，开展了家庭中幼儿习惯表现的调查，目的一是了解幼儿园所开展的习惯培养策略的实效，二是了解家长对幼儿行为习惯培养的重视程度及困惑。其次，通过家长自主申报的形式，请小班家长王妈妈就家庭幼儿行为习惯

养成做经验分享。最后，开展了家长与幼儿共同评选好习惯之星的活动，同时，请家长参与对幼儿行为习惯的评价工作。

(五)建构评价体系，反思习惯培养经验

幼儿的行为习惯培养针对良好习惯对幼儿发展的重要性，幼儿园将良好习惯养成作为幼儿发展的重要目标落实在幼儿日常活动中，培养"礼、美、慧、健"和谐发展的幼儿。

(六)创新工作方式，促进幼儿、教师良好习惯形成

1. 抓住幼儿习惯养成与教师习惯有关

培养幼儿良好习惯，教师的榜样作用非常重要。因此，教师应该具备同样的良好习惯。因此，幼儿园在培养幼儿良好习惯的同时，培养教师的良好习惯。首先，通过自主学习《习惯的力量》及集体专题分享，感受习惯对人成长的重要作用，从而将教师认为的"习惯是用来培养幼儿"的，转变为"习惯是师幼共同"的，要培养幼儿的良好习惯，最先要内化教师自身的良好行为。因此，我国形成了与幼儿相匹配的教师行为习惯指标体系；开展了教师习惯之星评比，梳理了不同层次教师应具有的几个基本习惯和关键习惯。

2. 抓住"21天习惯养成"理论有助于幼儿、教师习惯养成

行为心理学研究表明：21天以上的重复会形成习惯；90天的重复会形成稳定的习惯。即同一个动作，重复21天就会变成习惯性的动作；同样道理，任何一个想法，重复21天，或者重复验证21次，就会变成习惯性想法。所以，一个观念如果被别人或者自己验证了21次以上，它一定已经变成了一种信念。

劲松第一幼儿园就是借助这个"21天习惯养成法"理论，师幼间共同借助21天策略培养师幼良好习惯养成策略。

首先，在教学管理工作中，通过每月实施的"教师的良好行为习惯评价"标准，来检测自己、约束自己和内化行为。通过"今天你这样做了吗?"每天记录的手段，督促不同层次教师自觉培养自己的良好习惯。其次，教师们运用21天习惯法，通过游戏、主题课程、教学活动、区域游戏、生活活动等环节有目的地培养幼儿良好的生活、卫生习惯，学习习惯和交往习惯。通过每天一个习惯之星的故事，讲述幼儿良好习惯养成事迹，赏识他人的同时养成自己的良好习惯。最后，有效地实现教师良好习惯养成及指导幼儿习惯养成的目标。

3. 抓住"三多"策略，牢固幼儿习惯养成

幼儿良好习惯养成，需要三多：多策略、多途径、多提示。多策略，我们通

过幼儿园、家庭中，师幼间等策略进行培养。多途径，是通过幼儿园的生活环节、区域游戏、主题活动、班级园区环境等途径进行培养。多提示，是通过家园间定期的手册交换，班级互动平台，班级环境互动实现提示作用，使幼儿习惯养成更加牢固。

二、打造教师成长发展文化，增强教师成就感

成长是一个人的基本诉求。只有在成长中，一个人才能够不断地增强对于生活和职业的信心，个人的效能感、自尊感和成就感才能获得不断地发展。在此基础上，教师的幸福才会到来。

(一)教师队伍现状分析

三年前劲松第一幼儿园，具有市、区学科骨干、优秀青年教师称号的教师11个，园级骨干称号的教师15个。目前，由于支持朝阳区学前教育的发展，在岗区优秀青年教师以上称号的只剩5名，只有1名带班，4名为教学管理。两年内幼儿园接纳新教师22名，30岁以下的教师56名，这是幼儿园发展来教师队伍最年轻的时期。

(二)制定教师发展目标

用"五j"(敬、静、精、净、境)内化教师的行为，培养具有较强团队合作力、沟通力、组织力的管理团队；培养具有学习力、研究力、影响力的骨干团队；培养具有教学能力、工作能力、教师魅力的教师团队。让每一朵太阳花在这里幸福绽放的同时，展示每一个教师的职业价值。

(三)让习惯成就教师成长，创新不同层次教师成长的几个"基本"和"关键"习惯

在培养幼儿良好习惯的研究过程中我们发现，身边的名师、骨干之所以成功，关键是他们都具有多元的良好习惯，这些习惯为人的成长起到了不可估量的作用。因此，我们在培养幼儿行为习惯的同时，根据不同层次教师特有的阶段特点，创造性地探讨出日常工作中不同层次的几个基本和关键习惯，基本习惯是工作基础，关键习惯是提升的保障。例如，我们探索出"新教师自助成长的五个基础习惯"：养成写日志习惯；养成爱提问、会倾听的习惯；养成自觉学习和做好各种记录的习惯；养成今天任务今天完成的习惯；养成不懂就问、虚心学习的习惯。与此同时，再通过21天习惯法有效策略，帮助教师强化这些习惯，从而奠基成长基础。

在养成基本习惯的同时，通过与专家、名师骨干互动，我们发现，关键习惯

是引领教师加速成长的关键。例如，入职初期教师应该养成的几个关键习惯是：微笑习惯；主动请教习惯；整洁有序习惯；按时完成当天任务的习惯；阅读和观察习惯等。而成熟期教师应该养成的几个习惯是：研究习惯，合作习惯，反思习惯，写作习惯，交往沟通习惯等。

教师的关键习惯既有交叉又有不同，它是不同层次划分特殊性而决定并适合其发展的。另外，我们还将教学活动、教师培训、家长工作等关键习惯进行梳理，让习惯伴随教师工作各环节中，使教师享受习惯养成的幸福。

(四)重视培养规划，促不同层次发展

首先，整体分析教师现状，根据教师队伍状况，对不同层次教师进行划分与界定：职前期、职初期、成长期、成熟期。

其次，针对不同层次教师特点及实际需要，制订层次培养计划。

最后，在实际工作与队伍培养上，做好上下联动(名师、骨干、教师、新教师)，双轨并驾(团队培养及自主学习)策略。

(五)"外输内带"促骨干教师成长策略

近年来，正是因为运用了骨干教师成长的经验和策略，劲松第一幼儿园培养出了众多名师、骨干教师，形成了学习型、研究型团队。

所谓"外输"，劲松第一幼儿园与委派部分骨干教师及准骨干教师驻班优秀幼儿园，开阔了教师们的视野，他们还亲临名师骨干实践工作，形成了互动团队，以"走出去，带回来"的方式提升自己的教学能力和思考能力。通过与优秀园所骨干教师共同备课、教学研讨、教研活动，提升了我园骨干教师及准骨干教师的教学能力。

所谓"内带"，借助姐妹园来园驻班，提升骨干教师的班级工作指导能力。一年中，我园先后带培胜利油田六所幼儿园、云南德宏幼儿园、朝阳幸福家园幼儿园等六所幼儿园的驻班教师，通过指导教学、教研、课程、班级间管理等促进骨干指导能力提升。

另外，在培养教师基本功过程中，幼儿园开展了层级说课、评课活动。骨干教师作为评委参加青年教师说课评课，特级教师工作室中的区级以上骨干，指导园级骨干说课评课，达到层层帮带，都有提升，特级教师指导区级以上教师说课，实现园内优质资源的有效利用。

(六)科研带队伍，课题成就教师发展

劲松第一幼儿园重视教科研发展，用课题研究促教师成长。"十一五"期间，

幼儿园先后承担的三项市级课题中，分别获北京市学前教育"十一五"课题成果奖，连续几年获朝阳区优秀教科研先进单位。教师撰写的百余篇论文获全国、市、区等不同奖项。

三、打造幼儿园角色性主题游戏文化，铸造劲松一幼文化品牌

2000年，幼儿园开始了从角色游戏到主题游戏最后形成幼儿园园本课程——角色性主题游戏课程的建构，至今历经12年。可以说，角色性主题游戏成了劲松第一幼儿园的文化特色。

（一）建构角色性主题游戏课程目标

在《幼儿园教育指导纲要（试行）》精神的指导下，参照北京市贯彻《幼儿园教育指导纲要（试行）》实施细则，结合长期以来幼儿园角色性主题游戏课程实践经验，经多次会议讨论修订，我园将角色性主题游戏课程的目标概括为"礼、美、慧、健"。以"礼"为例，即养成良好的品德和行为习惯。例如，第一，在角色性主题游戏中，体验待人接物的态度和方式，锻炼与人交往的能力，学会互助、合作和分享；第二，理解并遵守角色性主题游戏中基本的社会行为规则，形成规则意识和初步的道德观念；第三，在角色性主题游戏中，努力履行"角色"应承担的职责，做好力所能及的事；第四，在角色性主题游戏中，体验、体会特定"角色"（如父母、教师、伙伴）的生活、工作状态以及情感、情绪等，学会关心和关爱父母、教师和同伴等。

（二）实施角色性主题游戏课程目标

第一，将"礼、美、慧、健"目标落实在主题游戏课程各阶段中。第二，将"礼、美、慧、健"目标落实在区域游戏中、教学活动中、生活环节中、环境互动中。第三，将"礼、美、慧、健"目标落实在家庭教育、幼儿园教育中。

建构角色性主题游戏课程的评价体系。第一，评价主体：教师、家长、幼儿、管理者；第二，评价标准：关于"礼、美、慧、健"的细化目标；第三，评价内容：幼儿发展、环境布置、家长参与、班级管理。

（三）发挥幼儿自我评价能力，配合主题课程创编儿童手册

我园根据"礼、美、慧、健"培养目标，除借助角色课程中有效实施外，还创造性地运用于儿童与图册，儿童与情景，儿童与问题进行互动，通过儿童与三者互动，达成对目标的理解与内化。《礼美慧健——太阳花的朋友》这本年册，将"礼、美、慧、健"的概念用故事的形式融入孩子平时的生活当中，并同太阳花的

成长联系起来。教师通过必要的评价奖励手段，肯定、激励孩子所取得的进步，让孩子在游戏中理解、领悟"礼、美、慧、健"的含义和真谛，从而培养这四个方面的优良品格。

例如，目标——礼。首先，我们将"礼"的培养目标进行细化，具体目标为：见面打招呼，入园时说"你好"离园时说"再见"；友爱、和谐相处，大家都是好朋友；会说"谢谢"，懂得感恩；做了错事会说"对不起"；乐于助人；不打断别人说话、会倾听。针对以上 6 项目标，我们结合幼儿大、中、小班的年龄特点，用问题引领的方式与儿童互动，每个年龄段 6 个问题共计 18 个问题，通过情景和问题，引发儿童进行自评，最终有效地内化为自己的行为，较好的将"礼、美、慧、健"培养目标，通过角色性主题游戏课程、幼儿互动手册以及幼儿的生活活动等有效培养，评价更具有系统性、科学性、实效性。

总之，劲松第一幼儿园的角色性主题课程已成为幼儿园的特色，得到了全国、市、区姐妹园的认可，先后应邀为全国幼儿园做经验介绍 10 余场；应邀为北京师范大学课程班讲座 3 次；4 名骨干应邀北京广播电视大学讲座 16 课程；于渊莘园长应邀前往马来西亚创价幼儿园讲学两周；劲松第一幼儿园 16 名骨干先后前往马来西亚交流课程数次；先后由北京师范大学出版社、科学出版社出版《幼儿园角色性主题游戏的实践与探索》《幼儿园角色性主题课程的理论与实践》两本书；2009 年获朝阳区教育年度成果提名奖。

四、我们的努力方向

文化建设的重视与发展，促进了劲松第一幼儿园整体发展。劲松第一幼儿园真正形成了"师幼联动、师师联动、家园联动"的文化氛围。正是幼儿园内外部各种要素之间的联动和互动，从而促进了幼儿园发展的内部动力，彰显了幼儿园内外部公共关系的活力。幼儿园文化建设，作为幼儿园公共关系建设的基础和底色，无时无刻不在滋养着幼儿园公共关系的建设，从而为幼儿园发展营造良好的内外部环境。

（北京市朝阳区劲松第一幼儿园　于渊莘）

附录3 和谐团队：幼儿园公共关系能力实践和提升的关键

幼儿园公共关系是指幼儿园内外部要素之间所构建的涉及公共事务的关系。我们将其分为内部公共关系和外部公共关系。诚然，园长在公共关系的建构和维持中发挥着核心作用。但我依然认为，园长公共关系能力的实践和提升的关键是通过打造幼儿园的和谐团队实现的。下面，我将结合我在前门幼儿园和大地幼儿园团队建设中的经验，谈谈如何打造和谐团队，以促进幼儿园内外部公共关系的健康发展。

前门幼儿园为公办园，大地幼儿园是民办园，2006 年年底，北京前门地区一号工程的拆迁使拥有 50 多年建园历史的前门园与大地园经历了一次前所未有的挑战——两个不同体制的幼儿园融合，形成公管民营双轨并行的特殊体制。合作初期我们经历了四个难忘之最。最焦点的问题是体制，公办与民办；最敏感的话题是薪资，同岗与同酬；最突出的区别是成本，自筹与拨款；最有趣的故事是较量，竞争与双赢。九年来，我们经历了从搬迁到合并的变迁，从摸索尝试到寻求发展出路的考验，领略了从计划经济到市场经济转折的滋味，从等待给予到寻求自谋发展，从全额拨款到经费自理，从相互排斥到互相尊重，从要我服务到我要服务的根本性思想转变。在这些转变的过程中，我们着力将工作的重点放在和谐团队的建设上，在团队建设的过程中，我们努力做到以下四点：依法律办园，确立团队愿景；以制度为纲，打造团队规范；以课程为靶，实践团队实力；以共育为线，拓展团队张力。总之，和谐团队的建设过程，就是幼儿园内外部关系的建设关系。

一、依法律办园，确立团队愿景

美国管理学家巴纳德指出，共同的目标、协作的愿望和信息沟通是构成组织的三大基本要素。我们的团队建设在确立共同愿景的过程中，是以幼儿园相关的法律为依据而确立的。

首先，确定办园思想，形成共同发展愿望。我们以《幼儿园教育指导纲要（试行）》《3—6 岁儿童学习与发展指南》为指导，秉承前门幼儿园和大地幼儿园先进的教育理念，进行问题需求征集和整体调研分析，融入和吸纳了两种体制的优势。其一，学法懂法，明确方向。包括《教育法》《教师法》《民办教育促进法》《幼儿园教师职业道德规范》《幼儿园教师职业标准》等。其二，建立职工之家，共同筹谋发展，制订战略规划。确定了"以国际的视野培养完整儿童"为办园思想，以"全脑开发的多元智能教育"为办园特色，营造"敬业、亲和、卓越、协作"的校园精神与文化。使儿童发展目标达到潜能开发、适度超前、个性培养、和谐发展。管理中，我们学习和借鉴海尔集团"三只眼"的管理理论，即管理者要善于发现变化，抓住机遇，找准定位，有审时度势的能力。幼儿园办园目标、发展规划的制订，也需要"三处着眼点"：一只"眼"看政策，依法办园为发展"保驾护航"；一只"眼"看教师，善待教师，营造人才不断脱颖而出的环境；还有一只"眼"看市场，服务儿童、家长、社会，是幼儿园生存发展的主旨和生命线。

其次，细化目标管理，增强教师对校园的认同感。教师对校园真正的认同，是对组织文化及幼儿园价值观的认同。打造高素质的幼儿教师队伍，将师德师风建设成为立园之本，净化心灵，才能赢得社会尊重。在细化目标管理中我们提出稳定、发展、特色的三步走计划，依法学法懂法，建制建章建家，寻找心灵归宿；转变评聘方式，稳定师资队伍，内涵提升促发展。规范校园管理，进行质量认证；提升内在素质，关注教师成长。创立品牌有特色，分级分类验收，形成办园思想；多种项目开发，社区牵手施教。实践中我们的规划逐步得以实施，并得到教师们认同，激发了他们的工作热情，使教师在这个特殊团队中体验到自己的成长、进步、成功与实现自我价值的喜悦，从而依恋这个集体。

二、以制度为纲，打造团队规范

制度是行动的依据。落实团队目标，必须以制度作为保障。同时，建立、健全科学有效的管理制度是幼儿园落实依法办园与持续发展的重要保障。我们坚持以人为本，广泛征求教职工的意见，修改或删除束缚教职工主动性和创造性的规章制度。2008年我园在幼教系统率先通过了ISO9001-2008教育质量管理认证，使园所制度健全完善。2013年回归后的前门幼儿园，我们将其调整、发展、完善，既体现管理的规范化、科学化，又体现管理的人性化。

我园出台了幼儿园不同层面的人员的需求架构，《教职工入职离职管理制度》《培训制度》，完善了《教职工招聘选拔制度》《教职工奖励制度》《评定制度》及《聘任制职工人事档案》，挖掘现有资源为教师进修学习创造条件，一系列新的措施，实现了从以"物"为核心的传统人事管理向以"人"为核心的现代人力资源管理的转变，激发了教职工的工作积极性、主动性和创造性。

我们建立二元化人事管理与流动制人员分配模式，打造"两园一心，同步发展"的精品团队建设,追求服务信誉至上,稳步扎实地做好幼儿园常态化工作。体制融合,公办民办兼有,机制灵活,优势竞争互补,人员互补,公平公正用人,干部轮岗,职务分担。在组织管理中,做到统筹安排,项目细化,责任到人,细节到事。

优秀师资是园所优质的保障。深谙此要义,作为园长要走进班级、走进教师,倾听教师的想法,了解发展需要。以此,根据园所教师存在的归属感差、专业发展迷茫的主要问题,首先,我们采取"二元化"人事管理模式,完善校园需求服务架构,践行 N=1 的教育理念,培养教师的团队归属感。其次,不断提高民办教师工资水平,保障与公办教师待遇持平。最后,树立"以研代训"的培训理念,采用"逐级、定向"培训管理模式,制订阶梯式培养计划,关注各个阶段所有教师的专业发展。

三、以课程为靶,实践团队实力

课程是学校工作的重要依据。打造优质的课程,是幼儿园团队能力的一种体现。实施国家课程,打造适合幼儿的课程,是幼儿园团队努力的主要方向。我们的具体做法是:在《3-6岁儿童学习与发展指南》颁布之后,校园就制订了认真贯彻学习《3-6岁儿童学习与发展指南》的工作计划,通过网络培训、集体诵读、分组讨论、集中解读及学习后写读后感等方式,使《3-6岁儿童学习与发展指南》的精神及精髓能够渗透到教师们的日常实践工作中,在潜移默化中成为教师的指导工具,使教师们在潜意识中都能尊重幼儿的特点和规律,从而促进幼儿健康快乐地成长,这是依法办园到落实行为的重要所在。

通过对《3-6岁儿童学习与发展指南》的学习,我们努力寻找方向与实践的结合点。理念落实于行动需要靠教师的智慧,教师明确了方向才能更好地指导家长对孩子提出合理的希望,遵循幼儿身心发展规律、进行科学的保教培养,保障幼儿快乐健康成长。

良好的环境也是促进儿童发展的重中之重,环境的丰富性、适宜性和针对性是产生教育作用的关键所在。在环境创设中我们注重儿童的参与、儿童的感受和实用结合,共性与个性结合,70%共性+30%个性,4∶2∶4教育黄金比例,实现一园一品,让两个园都亮丽,两部分教师都精彩,打造彰显地域文化的特色课程。

我们开展了体现民族文化精髓的"创意无稿剪纸"与"回归自然的陶土艺术",提高幼儿动手动脑能力;充分利用区域游戏时间开展"每日一剪",借助剪刀这种表达工具，促进幼儿手、眼、脑的协调动作，提高他们专注力、自信心等行为习惯和学习品质，培养幼儿想象力、创造力和审美能力，并创设更多的机会，给孩子们一个展示自我的舞台，剪出对美的追求，剪出对民族传统文化艺术的传承。娱乐与体能锻炼中身心愉悦的"爱上优克丽丽"与"体适能活动""美语游戏活动"，以浸入式方法，激发儿童学习兴趣，引入多元文化，扩宽教育视野。我们以科学、独特的教学组织方式完善课程管理，采用"才艺走班""派师走园""时段置换""职员兼课"等方式，使得孩子们在新鲜、愉悦、情绪高涨中学习与发展，达到快乐地玩和有效地学之间的和谐统一。这种丰富多样、均衡发展的活动内容，实现了激发兴趣，挖掘潜能，彰显个性，提升品质，体验成功，获得自信的良好作用。我们充分利用两位男教师这种幼儿园稀缺教育资源，发挥他们的性别优势和专业特长，承担"体智能活动"和"信息化游戏"，通过走园流动，实现师资资源两园共享与教育的一致性。

以科研促教研，实现教师专业精进。幼小衔接课题四年的研究成果，年年应用—验证—完善—推广。我们只想做好的是：在让孩子都能度过"快乐而有意义的童年"的同时，做好入学准备，做到家、园、校三方相互配合，关注和培养学前期儿童良好习惯的养成与提高社会适应性。我们找准幼儿入学不适应的六个方面，以此为突破。从对校园生活的适应性游戏课程入手，去小学化，从容培养，平稳过渡。例如：大班初期的上下楼梯靠右行，来园签到，我是礼仪小天使，有用的记事本，自带水壶喝水等；大班后期的快乐独立日活动，六岁成长礼，我的课间十分钟，周末自主选修活动等，支持孩子的学习与发展。

四、以共育为线，拓展团队张力

幼儿园的公共关系不仅包含内部关系，还包括幼儿园与家长、社区等外部的关系。在打造幼儿园外部关系时，我们坚持以共育为线，不断提升幼儿园团队的张力和影响力。我们的目标是以儿童发展为核心，教师指导为出发点，家长行为为落脚点。我们敞开园门办教育，引领家长学法、知法、懂法，放手让家长参与环境创设，参与教育教学活动，参与大型活动，邀请家长参与课程评价，学习《3—6岁儿童学习与发展指南》，学习《幼儿园教育指导纲要（试行）》，学会观察指导孩子的方法，在特色亲职教育中帮助家长正确"导航"。给父亲颁发执照：让父爱充满阳光。超级奶爸俱乐部讲座——《如何做合格的父亲》；周末快乐小组，家长委员会成员组织强健体魄的"爸爸去哪儿"郊游，足迹遍及前门步行街、天坛体育场、奥林匹克森林公园、怀柔石门山、奥肯尼克、儿童福利院；在"我的爸爸是故事大王""父子溃水枪大战""老爸足球赛""撕名牌大战""父子野外烧烤"等活动中，体会父亲的角色在孩子的成长道路上不可或缺的作用，树立父亲有责任、肯担当的良好形象。引导父母理性把握爱的"温度"和"尺度"，尊重孩子的独立人格，倾听孩子的心声，用适度的爱陪伴孩子共同成长。

家园社区联动中活动丰富包括"剪出多彩世界"作品展；感恩节的"敬老活动"；"家园狂欢节"；"福娃亲子庙会"；"创意剪纸亲子自制服装秀"；"远方的梦想——儿童主题绘画展"；世界读书日举办"经典故事、童话再现——家庭亲子戏剧表演"；"为地区街道贫困儿童家庭捐赠爱心图书"；亲子编排童创剧《黑与白的秘密》参加"北京市家庭教育儿童剧展演"；开展"健步走胡同游"；"快乐六一、童心飞扬"联欢活动，等等。

社区联动、跨部门联合，实现社区早教全覆盖。我们的儿童活动中心采取以租带建的方式，辅以"家和社区"早教站点，惠及地区百姓，组织每月社区公益活动，发放外来务工早教活动卡等。对家长工作的重视，对家长的理解与尊重，使家长感受到教育的平等、安全，使家长感受到被接纳、获得自我价值感，使家长与孩子在教育的航道上共同成长。

两个不同体制幼儿园的牵手与合作，我们实践探索中颇有体会：打造和谐团队是幼儿园赢得和谐的内外部关系的重要支撑，是幼儿园公共关系能力实践和建设的关键。在这个过程中，我们也意识到：一方面依法办园是公办和民办幼儿园自我保护与发展的有力法宝；另一方面自身发展的速度，机遇把握的程度，自主开放的空间，有效运营的模式，也使公办园与民办园在融合中，在一定潜规则运行中具有无限的张力。我们在依法办园的进程中，得到了东城区教委的大力支持帮助，使我们在多样化办园中能知己知彼，寻找相对差异，凸显自身优势，构建核心竞争力，以此获得更大的可持续发展的空间，从而为幼儿园的发展赢得了和谐的内外部公共关系。

（北京市东城区前门幼儿园　邹平）

附录4　是谁动了她们的"奶酪"
——民办教师走与留的痛楚与抉择

写在前面的话：《谁动了我的奶酪?》曾经是全球第一的畅销书，书中告诉我们一个在工作或生活中处理变化的绝妙方法。的确，变化总是在发生，我们要预见变化，追踪变化，从而尽快地适应变化。

案例摘要：变化——公办与民办的合作，使原有工作状态出现了变化；聘任——做好迅速变化的准备，寻找心灵的平衡点；结论——如何找到属于自己的出路；启示——共同享受变化的过程。

关键词：民办教师　变化　聘任　启示

一、背景描述

2006年初前门地区一号工程拆迁，与大地幼儿园合作10年的崇文幼教中心因变址撤出，因此政府将大地幼儿园的合作方变更为前门幼儿园。这一突变使拥有50年建园历史的前门幼儿园与民办先锋大地幼儿园经历了一次前所未有的挑战。2006年10月公办民办牵手合作，管理流程互通相融，形成公管民营双轨并行的一个特殊体制。

合并前10个月历经艰辛等待，前门幼儿园与大地幼儿园两园在同一校园同一楼内上上下下300天莫如两家，合并瞬间把82双手(民办62人＋公办20人)紧紧维系在一起。两个单位，两种体制，两套班子；重复的科室，重叠的岗位，富余的人员是合并后摆在我们眼前最现实的问题。合并中教师经历了心理承载的考验期；观望守望的自由期；转型过渡的放松期。合并后10个月经过调配整合，从已有的82人精减到人力资源相对合理配置的68人，有19人流动、调走、离职，5位新入职员工。其间，作为管理干部的我们有人员重叠时工作安排的无奈，合同终止时不再续签的不忍，想要留的非要走，不想留的不想走。特殊体制、特定环境、特别组合教师在聘任中心理需要调试，心灵需要归属，心境需要提升。公办管理干部与民办教师们在留与去过程中有内心独白，有痛楚冥想，有彼此抉择；更有思想的交流和心灵的碰撞。

二、情景描述

7月的某日学期聘任工作开始了，园长公布了聘任方案。首先由每位教师个人填写聘任意向，然后会上进行双向选择，教师是否接受聘任，填写完毕后当时上交。王老师斩钉截铁地勾了"否"；张老师自信地勾了"是"；李老师犹豫中没填"是"与"否"，而是上交了一份空白表。让我们由这三份意向开始，讲述三位民办教师和三个管理干部在员工聘任中的心灵感悟与共同成长的故事。

其实我想要留下她

其实我想要留下她，结果她还是选择了走。校园对她本人的工作还是比较满意的，同伴选择和支持率也很高，她本该受到聘任。但是，在校园聘任填写时，她丝毫没有犹豫地填写了"否"。那个到手的奶酪因何放弃？结局……或者是新的开始。

个性特点：

该教师在大地幼儿园入职三年多，她外貌清秀、温文尔雅，犹如邻家女孩般乖巧。她日常比较内敛，不善言语，又是新上任的班组长，其沟通范围相对窄，基本在班级小圈子中居多，对两园的合并，略显紧张与不安。

之一：家长投诉。

两园合并不久，园长接到她班里家长的投诉，投诉对象并不是她，而是对班级保育教师工作不细致而产生不满意。园长及时与这个新任班组长的她进行了沟通，她主动表态会认真处理这件事情，园长耐心地告诉她如何处理此事。

（我想：一个新班长，刚开学，在班级管理及组员教育中有些事考虑不周也是正常现象。但她从内心很在意园长对她的看法，家长的反映令她不安，觉得自己没能力，至少没给园长留下好的印象。）

之二：环境互查。

副园长组织教师进行环境互查，由班组长进行介绍和自评，大家相互学习借鉴。此次，同伴互评中对她班级主题墙饰提出了一些异议，建议稍做调整。而后，副园长进行互评小结，对班级环境较好的给予表扬鼓励，但是没有提到她的班级。

（我想：她一定认为自己很努力，并渴望得到领导的赞赏，然而，在与同伴互相学习的过程中，别人也在努力，还有优于她班之处。她原以为能得到表扬，结果却大相径庭。）

之三：卷曲的长睫毛。

她是个自然状态下很美的女孩，很少进行外在修饰，不过，有段时间，她开始刷睫毛，注重修饰装扮了，听说她交了男朋友。

（我想：爱美之心人皆有之，交了男朋友是件正常的事情，这期间注重外表也是可以理解的，但从不修饰的她怎么突然间变了，也许，当她认为自己不被认可时，变换一种新的方式，以此调节心理，引发大家对她的关注吧！）

之四：又一次投诉。

寒假期间，由于儿童床的安排问题，园长又一次接到家长对她班级的投诉，投诉的对象还不是她，但是，由于她是班组长，所以，园长回馈情况还是找到了她，她态度显得平静，再次表态会处理好这件事情。

（我想：连续的投诉让这个新班长又一次怀疑自己的能力了，心理承载的能力再次失控。民办教师为留住自己的职业，很在意家长的回馈与态度，因为这些态度好坏可以决定他们工职时间的长短或者是结束。）

尽管她真的不想走

在人事签约意向申请上，该教师在表格中清晰地写上"是"，从她的字迹当中看出该教师对这项工作的自信。她渴望得到"奶酪"才选择"是"，尽管她真的不想走，然而，在制度约束管理中她没能得到校园聘任，合同到期终止不再续签了。

个性特征：

该教师在大地幼儿园从教四年，是一个性格外向、活泼开朗、善于沟通、各方面能力比较强，很愿意主动表达自己想法的年轻教师。在两园合并的过程中，表现活跃、兴奋，喜欢表现自我。

之一：无意间的谈话。

教师间一次无意谈话，使我们了解到在两园合并中教师们的心态和真实想法。该教师抱怨："我还不愿意干呢，是我爸妈偏得让我干。"

（我想：面对这种被动心态的教师，工作中怎么会全身心地投入到孩子的发展上呢？也许，这是教师无意间开玩笑的一句话……）

之二：日常工作表现。

该教师在工作中串班聊天现象比较多，当管理者出现时，她就回避。一次，中午她值班看午睡，竟然躺在孩子的床上睡着了。

（我想：教师在各班沟通时，如果是在研究孩子、讨论课程或教育活动的话，她就不会因为我们的出现而迅速离开。所以，我认为该教师可能是在聊天，而且是与校园倡导的管理与制度是背道而驰的……）

之三：教研活动中的沉默。

该教师在课程研讨中常常的表现是"无言"。

（我想：她应该是喜欢主动表达自己想法的人，然而，教研中的沉默与日常的热情为什么判若两人，说明该教师的工作重心没有更多的思考孩子、思考课程、思考实践。）

之四：一次"成功的观摩活动"。

学期即将结束，我们要求每位教师准备一节语言活动，该教师组织了一节语言欣赏活动。活动前，教师准备了图片、富有意境的钢琴曲。活动中，教师比较娴熟的带着孩子完成了一节散文欣赏活动。其中，最让我记忆犹新的一幕是：她在背景音乐的衬托下绘声绘色地给孩子朗诵散文，孩子们认真宁静地倾听……活动结束后，教师们给予了较好的评价。

（我想：该教师不是没有能力，只要她能在活动中准备充分，实施中很有自己的想法，是一名很聪明的教师。倘若，她的平时工作状态也是如此的投入认真，那么她成功的活动不会只是零星片段。）

之五：日常的备课计划。

该教师在呈交的教学计划和观察记录和反思中，字迹潦草、内容简单，并且不能做到按时上交。

（我想：是教师对于管理中新调整的内容不理解和不适应吗？应该给我和教师们一个相互适应、相互调整的时间，但都不能不认真。）

她为何含泪留下来

该教师在填写意向时犹犹豫豫中交了份白卷，她的"奶酪"在空中漂浮不定。"十字绣"风波在一段时间内影响和导致她动态的心理变化，然而，在变化的过程中，她自醒并含泪留下来，去享受新鲜"奶酪"的美味。

个性特点：

该教师在大地幼儿园从教四年，性格内向，平日话不多，也不太善于与人主动沟通，日常工作较为踏实认真，能较好地将个人的工作计划按时完成。

之一：十字绣风波。

早饭后的自选游戏活动开始了，我陆续进入各班了解师幼情况。由于是假期，班中来园的孩子相对少了一些。当我进入某中班后，呈现在我面前的是：这个教师正坐在该班的美工区低头忙着些什么？该班的幼儿在其他的区域中活动着，我走近孩子，教师见我进来慌忙地将手中的东西塞进活动区的柜子中，眼神中透出了慌乱。凭着管理者的直觉，我下意识地将脚步移到了教师所在的美工区，低头扫了一眼柜子，一块淡紫色的布边露在了外边，看着教师慌乱的神情，我要求教师拿出了柜子中的东西。于是，一个未完成的十字绣展现在了眼前。由于当着孩子的面，我只说了一句："你先上班吧。"我拿走了十字绣品，等待着教师可以主动地找我，然后对整个事件有所认识。

（我想：该教师可能是在为孩子制作美工活动区的作品。可是，她为什么会有慌乱躲闪的眼神呢？我没有急于质问教师而是等待教师主动澄清对问题的真实想法。）

之二：无声等待。

可是事隔数天，这位教师都没有主动找我，但在这几天中却有意地躲闪着我的目光，平日话不多的她更没有了生气。

（我想：该教师可能认为自己的行为违反了园所的规章制度，但又不敢面对我们，可能害怕我们的批评……）

之三：退还十字绣。

一个月过后的一天，园长和她进行了一次沟通。走进办公室里，她像是犯错的孩子，低着头不吭声。还是园长先开口说："你的十字绣很好看，我也喜欢，有时间给我绣个好吗？"她放松了些慢慢抬起头说："园长，我知道自己错了，应该先找您，不该让您先找我，但是我有点不敢……"后来园长把十字绣完整地还给了她。

（我想：作为园长该如何面对教师过渡时期工作中的错误与失误，宽容会博得尊重，宽容员工就是提升自我。与其说是严厉批评不如让她在接受教育的过程中学会思考。）

之四：举棋不定。

一天的中午，我们召开了全体教职工竞聘工作预备会。当我们看到教师们的意向表时，一张"是"与"否"都不确定的表格让我们定睛凝视。原来，这就是该教师的那一张表……

（我想：民办教师离职是很正常的现象，她可能想到了要离职的问题，也许已做好充分的思想准备。那么，我们该如何面对她无法选择的意愿？）

之五：签约意向。

签约工作开始了，园里的各项工作基本定位。这时，园长又找到副园长和主任并谈及此人此事，引发了我们的思考。其一：班级环境。与该位教师同在一个班的是一位在大地幼儿园工作了近十年的老教师和一位较有主见的保育员，她们平时工作表现积极、主动，与同事关系相处融洽，在校园都具有较好的人缘，他们可以起到正面导向的作用。其二：真诚对话。副园长、主任与她直面沟通，她表达了因十字绣导致她想签又没把握的想法。其三：走进园长室。她表达了自己的愿望，真诚希望校园能给予机会，她含泪表态愿意接受续签。

（我想：转型过渡期的放松心理也许是正常的，周围同伴与环境的引导与帮助对一个青年教师而言，是稳定其浮躁心理良药。）

三、关键问题

第一，变化中形成新的压力。体制的变化，使原来就存有"打工心态"的民办教师，增加了心理压力。

第二，聘期时间的不合理。民办校园的一年一聘制度，让教师们直觉地把日常的失误与其从业的延续性紧紧挂钩。

第三，教师成长中的困惑。青年教师在职业追求中存在浮躁的心理。

四、归纳分析

（一）三个不同结局

三位教师均为入职不足五年的青年教师，都是 80 后出生的独生子女，有娇惯任性特点，喜欢被人关注，面对挫折与变化时会产生不安心理，出现不稳定因素，同时在他们身上也有比较典型的时代特征。

第一，为什么让她走。园长同意王老师离职，还与其进行了直面沟通，她坦言说出："自己总觉得努力了，可就是不如别人的复杂心态。"由于转制中文化背景的变化，她心态调试不好，只能回避自己无法面对的事实。我们尊重她个人的选择，还赠送她一本经历变化如何成长的书籍——《那里有冰山》。其实，这种抉择更大意义上是希望她能在变化和逆境中去寻找自信，要积极把面对新的开始而不是逃避。

第二，为什么没留她。张老师不再续签合同了，凭借她的聪明，本不该是这个结果的，但她在合并变更观望时给自己放松自由的空间过大了，多次违规，这却是工作态度的问题。我们知道在管理中全体员工对制度要有认同感并共同遵守，我们不是不体现人本的思想，但在制度约束下也会有无情的割与舍。

第三，为什么留下她。在管理中如何看待教师工作中的失误，如何以宽容的心态帮助他们改正缺点错误。团队组织的帮助，同伴的影响作用，个人的主动转变是使她留下的决定因素。

（二）两个不同的视角

1. 民办教师的复杂心理状态

其一，心理担忧。民办教师一年一聘，流动是正常现象，缺乏稳定性。他们因合并为自己的生存状况更加担忧，弱势特征在合作的变化中尤为凸显。

其二，缺乏储备。学习的不够，自信心不足。

其三，环境危机。大背景下的变化，影响到班级小环境的不同反映。

其四，选择逃避。过分关注别人对自己的态度，当出现不满意时，不是积极地面对，战胜自我，而是选择退出。

2. 管理者的外在辅助作用

其一，洞察心理。其实，管理者也同样在变化中成长。面对复杂多变的情况和可能遇到的种种矛盾，需要我们有敏锐的洞察能力，并及时分析教师在变化中的心理状态，进行沟通、调试，甚至做必要的调整。比如：在进行课程培训时，我们发现进程速度超出教师的理解时，及时做了修正；当教师面临聘任出现紧张与不安时，主管领导与其沟通，解决民办教师心中的疑惑。

其二，肯定帮助。其实变化的过程，也是尝试冒险的过程。竞争与压力是社会发展中之必须，管理者的能量在于给予教师更多的帮助支持服务，特别是在检查评价，查与被查的过程中，多用赏识的语言，挖掘捕捉每位教师身上不同的闪光之处，使他们树立自信心，在工作中有幸福感。

其三，迁移思考。教育家陈鹤琴先生曾告诉我们这样一句话："假如我是你。"三个管理干部都是公职人员，我们在行使自己手中权力时，需要思考，需要换位，要站在利他的角度，以亲和的态度让教师感受到变化中的温暖，变化中的理解，变化中的希望，变化中一定会有新的发展。

五、结论启示

(一) 管理者的思考

第一，双赢共好。21 世纪是合作双赢与共享的时代，经济学家厉以宁先生用新龟兔赛跑的故事，说明一个道理，就是在经济全球化的今天，竞争不应该是你死我活，而是双赢共好。

第二，激活能量。合并应当是通过合作与竞争激发教师内在的活力，为他们搭建专业成长的机会与平台，达到共同进步，让校园充满生机，将每个人的追求都融入集体的成功之中。

第三，以情感人。孔子说，所谓管理不过就是"君君、臣臣、父父、子子"而已。意思是说管理没什么奥妙，无非是要求做领导的要尽领导的职责，做员工的要遵守员工的本分，就像在一个大家庭里，做父母要懂得慈爱，做子女的要懂得孝顺一样。我们努力为教师营造宽松和谐的工作环境，善待教师，给予他们更多的关心、理解与尊重。

第四，刚柔相济。管理过程赋予了人本的精神和文化的色彩，更要重视的是人的心理感受。"柔性管理"和"亲和"也成为世界性广泛的社会期望，和谐不排斥制度，和谐是尊重人、信任人和激励人，是宽容理解和严格要求。我们只有把制度管理中的"刚性"与人本管理中的"柔性"相统一，让无情的制度在友情的操作中发挥最佳的约束力。

(二)管理者的决策

第一，调整聘期时间。改变原有一年一聘的做法，进行双向聘期选择，对日常工作业绩突出，踏实肯干，有能力，有发展，可塑造的教师，聘任时间可签约一年、两年、三年、五年不等，增加了民办队伍的稳定性。

第二，保证维权措施。校园聘请了常年律师，保证民办教师各项社会保障的实施，让他们对校园有信任感，增加工作的激励与努力程度。

第三，保障利益公平。公办民办合作，最重要的是做好福利权益保障下的利益公平。

(三)管理者的借鉴

第一，前期安抚。对不同成长背景，不同年龄阶段教师的心理承受力需要进行细致分析，让他们对合并或改制有美好的期待与信任感。

第二，过程反应。改制过程中管理层的敏感性要强，对教师的不同表现，细微的变化要有知觉，从关心帮助支持的角度采取应对的措施与方法。

第三，持续稳定。重组成功的重要体现是稳定，把握稳定的速度与节奏，它是校园发展的基础，那时我们会享受到改制的成果。

结束语：《谁动了我的奶酪?》中写道，"生活并不是笔直的走廊，让我们轻松自在地在其中旅行，生活是一座迷宫，我们必须从中找到自己的出路"。其实工作亦是如此，合并的历程让我们走过了，经历了，感受了；聘任的过程让我们痛苦了，无奈了，抉择了蓦然回首，我们体会更多的应该是成长、成熟、快乐与自信。

（北京市东城区前门幼儿园　邹平）

参考文献

[1]陈群. 幼儿园危机管理实务[M]. 北京：中国轻工业出版社，2009.

[2]程凤春. 幼儿园管理的 50 个典型案例[M]. 上海：华东师范大学出版社，2011.

[3]丛中笑，王海升. 幼儿园管理[M]. 沈阳：辽宁大学出版社，2012.

[4]秦明华，张欣主编. 幼儿园组织与管理[M]. 上海：复旦大学出版社，2008.

[5]秦明华，张欣主编. 幼儿园组织与管理（第二版）[M]. 上海：复旦大学出版社，2014.

[6]史爱芬，田玉娟，冯谦，董丽娟. 论城乡结合部幼儿园公共关系管理[J]. 教育教学论坛，2013(07).

[7]孙莉.《3－6 岁儿童学习与发展指南》实施背景下的幼儿园公共关系工作[J]. 教育观察，2015(15).

[8]伍香平主编. 幼儿园园长易犯的 80 个错误[M]. 北京：中国轻工业出版社，2013.

[9]张松茂. 新时期幼儿园创新管理[M]. 宁波：宁波出版社，2014.

[10]张燕. 学前教育管理学[M]. 北京：北京师范大学出版社，1995.

[11]张燕，邢利娅. 幼儿园管理案例及评析[M]. 北京：北京师范大学出版社，2002.

[12][美]内尔·诺丁斯. 学会关心——教育的另一种模式[M]. 于天龙译. 北京：教育科学出版社，2003.

[13][加]马克斯·范梅南. 教学机智——教育智慧的意蕴[M]. 李树英译. 北京：教育科学出版社，2001.

后 记

《沟通的力量——园长公共关系协调能力的提升》一书马上就要出版了，此刻，一种感动、责任的力量涌上心头，成书过程中的点点滴滴，犹如发生在昨天，历历在目。

之所以说感动，是因为这本书包含了很多人的努力。首先，我们要感谢北京师范大学出版社策划了"幼儿园园长专业能力提升"丛书，并将《沟通的力量——园长公共关系协调能力的提升》一书的写作任务交给了我们，感谢出版社的领导对我们的信任。其次，我们要感谢幼儿园公共关系所涉及的各方主体，正是大家的共同参与，才创造了本书中的故事，才让这本书变得丰富而生动。在这个过程中，我们由衷感谢那些提供案例的园长、教师、家长等。再次，要感谢我们的重要助手靳伟、李彩燕，他们在成书的过程中，做了大量的工作。最后，我们要感谢家人的理解和支持。我们无法忘记那些一起叙述案例、记录案例、誊写案例、润色案例的日子，这个过程让我们内隐的管理思想与方法得到了外显与释放，思路也越发明晰。

之所以说责任，是因为我们在书中提供了48个涉及园长处理与中层管理者、教师、其他工作人员、家长、社区、社会机构、政府、股东等各个方面关系的案例，并且提供了相关建议，我们也相信这些案例能够为园长协调能力的提升起到一些启发作用。与此同时，我们也感到有责任让这本书变得更加丰富。因此，非常期待读者能够为这本书的写作提出意见和建议，更欢迎关心幼儿教育事业发展的园长和教师也能提供典型案例，以飨读者。

于渊莘　邹平

2017 年 3 月 19 日